FEIG, FAUL UND FRAUENFEINDLICH

Mehr Bäume.
Weniger CO_2.
www.cpi-print.de/umwelt

MIX
Papier aus verantwor-
tungsvollen Quellen
FSC® C083411

FSC
www.fsc.org

Omar Khir Alanam:
Feig, faul & frauenfeindlich

© 2021 edition a, Wien
www.edition-a.at

Cover: Bastian Welzer
Gestaltung: Bastian Welzer
Korrektorat: Dr. Karin Gilmore

Gesetzt in der Premiera
Gedruckt in Deutschland

1   2   3   4   5 —— 24   23   22   21

ISBN 978-3-99001-548-3

Omar Khir Alanam

Feig, faul & frauen-feindlich

Was an euren Vorurteilen stimmt und was nicht

edition a

Hallo,

danke, dass du mein Buch gekauft hast!
Ich wünsche dir viel Freude beim Lesen.
Über ein cooles Foto mit dem Buch auf *Instagram* oder *Facebook* oder eine andere Rückmeldung würde ich mich sehr freuen. :-)
Auch wenn du Freunden von dem Buch erzählst, freue ich mich.
Hoffentlich sehen wir uns einmal bei einer Lesung oder einfach so.

Alles Liebe
Omar Khir Alanam

🅵 🅾   Omar Khir Alanam
Mail: omar.khiralanam@gmail.com
Website: www.omarkhiralanam.com

Inhalt

Für die Sonne!

Die Sonne ist nichts als eine Metapher.
Das wahre Gesicht ist das des Gedichtes. Deins!

Liebesgedichte

Alles, das Glück und der Schmerz, die Lieder und die Schüsse, die Lachenden und die Toten, die Verfolgung und die Flucht – das alles begann mit einem Liebesgedicht.

Ich war 16 Jahre alt, als ich meinen Lehrer zu einer Lesung ins al-Assad-Kulturzentrum begleitete. Hätte ich es mir aussuchen können, wäre ich in ein anderes Kulturzentrum gegangen, aber in Syrien waren alle großen Einrichtungen, egal ob Sportstätten, Bildungseinrichtungen oder eben Kulturzentren, nach Baschar al-Assad benannt. Überall wurden wir daran erinnert, dass Assad mehr war als ein Mensch. Er war der Vater unseres Landes, Bewahrer des Friedens und Beschützer unserer Heimat vor den bösen Anderen, vor Israel, Amerika und dem Westen überhaupt. So wie bereits bei seinem Vater, der vor ihm regiert hatte, galt auch Baschar al-Assads Regentschaft als gottgewollt. Nur wenige Jahre später versuchte ich zusammen mit tausend anderen Syrern, diese Regentschaft zu beenden.

Doch an diesem Nachmittag ging es mir nicht um Revolution oder Kunst. Ehrlich gesagt ging es mir nur darum, bessere Noten zu bekommen. In Syrien ist es ähnlich wie in Österreich: Wenn dich ein Lehrer mag, hast du bessere Chancen auf eine gute Note. Und die hatte ich dringend nötig. Also opferte ich einen ganzen Nachmittag, den ich sonst mit meinen Freunden in irgendwelchen Cafés in der Innenstadt von Ost-Ghouta, einer Stadt in der Nähe von Damaskus, verbracht hätte, und hörte mir an, wie ein älterer Dichter seine Liebesgedichte vorlas.

In dem kleinen, stickigen Raum waren einige Stuhlreihen aufgestellt worden. Etwa zwanzig oder dreißig Leute waren anwesend. Darunter entdeckte ich nur zwei Frauen. Der Dichter las über die vielen verschiedenen Variationen der Liebe, über das Verlieben und Sichverlieren, über das Geliebtwerden, das Erwidern der Liebe und die Trauer darüber, wenn diese Erwiderung ausbleibt. Er schrieb auch über die körperliche Liebe, was später zu einer hitzigen Diskussion führte. Wie konnte er solche anrüchigen Stellen in der Gegenwart von Frauen vorlesen? Über Erotik sollte ein Mann nur mit anderen Männern sprechen!

Wider Erwarten gefielen mir die Gedichte. Sie berührten mich. Als Jugendlicher, der ängstlich nach seinem Platz in dieser Welt suchte, gaben sie mir eine Möglichkeit, meine Identität abzutasten. Denn in der Liebe lernen wir viel über uns selbst. Wir lernen, was andere Menschen für uns bedeuten, und über die Grenzen unserer Empfindungen. Wie tief können wir uns in den anderen hineinfühlen? Wir erkennen, dass wir über den Schmerz der geliebten Person weinen, als wäre er unser Schmerz, und wie das Herz springt, wenn sie Freude empfindet. Wir haben plötzlich weniger Angst, weil uns die Welt weniger fremd vorkommt. Die Liebe gibt uns eine Sprache, mit der wir zu uns selbst wie zu anderen sprechen können.

Bereits am nächsten Tag saß ich in dem kleinen Laden, in dem ich damals nach der Schule Solaranlagen verkaufte, und schrieb an meinen ersten eigenen Gedichten.

Das Geschäftsleben funktioniert in Syrien anders als in Europa. Die Läden haben den ganzen Tag über offen, außer am Freitag, wenn wir beten. Doch es kann vorkommen, dass der Verkäufer mal auf einen Kaffee zu seinem Nachbarn geht. Dann muss man warten, bis er wiederkommt, bekommt als Entschädigung dafür aber auch einen Kaffee angeboten. Manchmal hat ein Laden bis Mitternacht offen, wenn viel los ist, und am nächsten Tag schließt er um fünf Uhr. Geschäftszeiten sind wie unsere Launen: Sie ändern sich täglich.

Ich hatte immer schon gerne verkauft. Ich mochte den Kontakt mit Menschen. Und wenn gerade keine da waren, saß ich hinter dem Ladentisch und hing meinen Gedanken nach. Doch an diesem Tag war ich froh über jede Minute, in der ich meine Ruhe hatte. Denn ich schrieb an meinen ersten eigenen Liebesgedichten. Sie waren sehr kindisch, wie Liebesgedichte von 16 Jahre alten Jungen eben sind. Ich schrieb über Mädchen, in die ich mich verliebt hatte, und über Schmerz und Einsamkeit, die ich noch gar nicht wirklich kannte. Doch ich fühlte ein Ziehen und Drängen in meinem Herzen, das sich durch die Fasern meines Körpers schlich und über meine Poren nach außen dringen wollte. Das war die Sehnsucht nach dem Verliebtsein.

Ich wuchs in einer Gesellschaft auf, die auf die Trennung der Geschlechter besonders achtete. Sex vor der Ehe entehrte eine Frau und ihre ganze Familie. Ihre Ehre war immer an ihr Geschlechtsorgan gebunden. Liebe auszuprobieren, dafür gab es keinen Platz. Die Verantwortung, die auf der Liebe lastete, erdrückte sie wie eine Flamme, der man den Sauerstoff entzieht. Ich kannte einige Jungs, die zwar geheime Liebschaften mit Mädchen aus der Stadt hatten, aber darauf bedacht waren, dass ihren eigenen Schwestern kein Junge zu nahe kam. Es war verwirrend und irritierend. Mein Körper, meine Gefühle und mein Gewissen schienen sich nicht verständigen zu können. Ihr Gesang rauschte in meinen Ohren wie das Musikstück eines Orchesters ohne Dirigenten. Diesen rauschenden, betäubenden Gesang versuchte ich in die Schönheit arabischer Schriftzeichen zu verwandeln.

Meine Freunde wussten nichts von meiner neuen Leidenschaft. Ich hatte zu große Angst, dass sie mich deswegen vielleicht auslachen würden. In Syrien ist die Liebe eine komplizierte Sache. Alle Jungs in meinem Alter verzehrten sich nach ihr, dachten Tag und Nacht darüber nach. Doch sie wollten geliebt werden, nicht lieben. Denn lieben bedeutete, sich verletzlich zu machen, sich zu öffnen und sich herzugeben. Lieben bedeutete, hinauszutreten vor andere Menschen und zu sagen: »Seht her, so bin ich. Akzeptiert mich oder nicht.«

Das erforderte Mut, viel Mut, mehr Mut, als die meisten Burschen in diesem Alter aufbringen konnten. Wenn sie die Liebe anriefen, dann versteckten sie dieses Bedürfnis oft hinter Gejohle und Gelächter. Hinter dem, was sie »cool« fanden. Bloß keine Schwäche zeigen. Sie würden bald Männer sein und der Mann muss mit der ganzen großen, weiten, feindseligen, beängstigenden Welt fertigwerden. In Syrien ist diese Welt sogar noch etwas beängstigender als anderswo. Er kann sich keine Schwäche leisten.

Vielleicht aber, denke ich heute, ist die Liebe in Syrien auch nicht komplizierter als in Europa.

Als ich zwei Jahre später an die Universität in Damaskus kam, wusste kaum jemand von meiner heimlichen Liebe zur Dichtung. Bis ich eines Tages mit zwei Mädchen in der Mensa saß, für uns etwas zu trinken holte und meinen Rucksack unbeaufsichtigt ließ. Ich schwöre, dass es keine Absicht war! Mein Notizheft schaute heraus, die Mädchen konnten ihre Neugierde nicht unterdrücken, dachten vielleicht, es wäre ein Tagebuch, und begannen, darin zu lesen. Als ich zurückkam, blickten sie mich verwundert an.

»Wir wussten gar nicht, dass du dichtest, Omar«, sagten sie. Es lag allerdings kein Spott in ihren Stimmen. Sie waren verständnisvoll. Seit diesem Tag konnte ich zumindest mit ihnen über meine dichterischen Versuche sprechen.

Dann kam das, was hier im Westen als Arabischer Frühling bezeichnet wird. Tausende Menschen, viele in meinem Alter, gingen auf die Straße, um für Demokratie und Menschenrechte zu demonstrieren. Sie forderten etwas, so elementar und so überwältigend, dass ein Wort dafür kaum ausreicht: Sie forderten Freiheit. Freiheit, zu denken und auszusprechen, was ihnen auf dem Herzen lag. Freiheit von der Armut und der Unterdrückung, von politischer Willkür und religiösem Fanatismus.

Ich sang und tanzte mit den Menschen, versteckte mich mit ihnen auf Dächern und in Hinterhöfen, ging Seite an Seite mit ihnen durch die Straßen, ohne ein Hemd auf meiner Brust, um zu zeigen: Wir wollen nicht kämpfen. Unsere Revolution war nicht von jener Gewalt getragen, die Assad benutzte, um das Land unter seiner Kontrolle zu halten. Sie wurde getragen von der Liebe zu unseren Mitmenschen.

Zu dieser Zeit erkannte ich, dass meine Liebesgedichte kindliche Versuche gewesen waren, weil sie von nichts anderem als meinem Schmerz und meiner Sehnsucht sprachen. Doch wer über die Liebe schreiben will, muss sie in ihrer ganzen Dimension erfassen. Liebe ist etwas, das eben nicht nur eine einzige Person einschließt. Sie gehört nicht mir allein. Ich muss sie teilen, muss sie weitertragen, verschenken und darauf hoffen, sie auch zu erhalten.

Liebe ist immer politisch. Sie ist die einzige Möglichkeit, den Schüssen des Regimes zu begegnen, ohne uns in das zu verwandeln, wogegen wir kämpfen. Sie allein rettet kein Leben, wenn die Panzer von Assads Truppen durch die Straßen rollen. Doch sie verleiht diesem Leben Bedeutung.

Ich begann, politische Lieder und Gedichte zu schreiben. Meine Kunst hatte nun eine Mission. Sie war noch immer getragen von der Liebe, aber nun hatte sie einen ganz bestimmten Zweck. Ich las auf Demonstrationen und auf Begräbnissen, in geschlossenen Kaufhäusern und in den Zimmern von Freunden. Ich dichtete nicht mehr bloß für mich, sondern für alle, mit denen ich gemeinsam tanzte und trauerte, lachte und litt.

Das ging einige Zeit lang gut. Meine Familie musste zurück nach Ost-Ghouta fliehen, aber ich blieb in Damaskus. Ich wurde getragen von der Hoffnung, etwas ausrichten zu können. Alles schien möglich in diesen Tagen. Ich erlebte unvergleichlich schreckliche Dinge ebenso wie die höchsten Glücksgefühle. Ich erlebte alles wie durch ein Vergrößerungsglas, in nie gekannter Intensität. Alle Farben, Gerüche, alle Sätze und Berührungen schrieben sich in mich ein wie die schlanken Schriftzeichen, die ich täglich in meine Notizhefte malte.

Eines Tages kam ich vom Einkaufen zurück und wollte mit vollgepackten Taschen in die Wohnung meines Onkels. Ich bemerkte sie zu spät. Sie traten zu mir, bevor ich die Eingangstür erreichte. Sie fragten nach meinem Onkel: »Wohnt er hier?«

Ich weiß nicht mehr, was ich antwortete. Ob ich überhaupt etwas antwortete.

Sie stülpten mir einen Sack über den Kopf und schmissen mich in ein Auto. Ich weiß nicht, warum sie an diesem Tag gekommen waren und wie viel sie über meine Aktivitäten wussten. Das war auch egal. In dieser Zeit waren Gründe und Logik bereits dem Rauch und dem Donner der Kanonen gewichen.

Als ich am nächsten Tag auf einer staubigen Straße ausgesetzt wurde, kam es mir vor, als hätte ich in dieser einen Nacht ein ganzes Leben zurückgelassen. Mir wurde klar, dass ich bald zum Heer eingezogen werden würde, um für jene Menschen zu kämpfen, die ich verantwortlich machte für unser Leid. Ich hätte mich entscheiden müssen, zu töten oder getötet zu werden. Es war der Moment, in dem ich mich dazu entschloss, dieses Land, für dessen Freiheit ich gekämpft hatte, zu verlassen.

Aus Angst, mit ihnen erwischt und dann hingerichtet zu werden, ließ ich alle meine Texte im Haus meiner Eltern zurück. Über den Libanon, die Türkei und die Balkanroute gelangte ich 2014 mit vielen anderen Menschen nach Österreich.

Ich hatte alles in Syrien zurückgelassen: meine Familie, meine Freunde, meine Sprache. Das Einzige, was ich hierher hatte retten können, war meine Zukunft. Ich kam nach Graz, in eine fremde Stadt mit hohen, schneebedeckten Bergen, Pflastersteinen und stillen Gassen. Ich suchte nach Dingen, die mir vertraut waren, und landete in einem Schreibworkshop.

Ich verstand, dass ich in diesem Land eine Stimme haben konnte. Eine Stimme, um Dinge zu sagen, für die ich in Syrien im Gefängnis gelandet wäre. Doch für diese Stimme brauchte ich eine Sprache. Und diese Sprache musste, darauf wiesen mich etliche Plakate und Menschen immer wieder hin, Deutsch sein. Also setzte ich alles daran, so schnell wie möglich Deutsch zu lernen. Mit *YouTube*-Videos brachte ich mir Wörter bei, ihre Fälle und Zeiten, lernte die langen Sätze der deutschen Sprache kennen. Sie wirkte fremd, hart und kalt, voller Ecken und Kanten, an denen man sich die Zunge aufschneiden konnte. Nichts war in ihr zu spüren von dem Fluss des Arabischen, der Klarheit und Musikalität meiner Muttersprache. Aber egal, wie musikalisch das Arabische war, im Supermarkt konnte ich mir damit trotzdem nichts kaufen. Also wollte ich so schnell wie möglich Deutsch lernen.

Schon bald begann ich, Gedichte und Texte auf Deutsch zu schreiben. Zuerst nur wenige Seiten, mit denen ich bei Poetry-Slams antrat und die von jenen Themen handelten, die mich bereits in Syrien beschäftigt hatten: Liebe, Identität, Heimat. Doch bald erkannte ich, dass diese Formate nicht genug waren. Ich wollte auch meine Erfahrungen, die ich als geflüchteter Syrer in Europa täglich erlebte, zum Ausdruck bringen. Also schrieb ich zwei Bücher über meine Eindrücke. Sie handeln von den Unterschieden und den Gemeinsamkeiten zwischen dem Leben in Syrien und jenem in Europa und ich hoffe, dass sie meinen Lesern, woher sie auch kommen, zeigen, wie nahe das Fremde oft dem Eigenen ist. Wenn man ihm nur eine Chance gibt.

Seit ich in Österreich lebe, sind mir auf diese Bücher ganz verschiedene Reaktionen begegnet. Ich habe Gastfreundschaft und Wärme erfahren, von Menschen, die mich nicht kannten und mir trotzdem helfen wollten. Genauso begegneten mir rassistische Vorurteile, Ignoranz und sogar Hass.

Mein erstes Buch hieß *Danke!*. Ich bedankte mich darin bei jenen Österreichern und Österreicherinnen, die mich hier aufgenommen und willkommen geheißen haben. Die mir halfen und mich nicht als Eindringling betrachteten. Für viele Menschen mag das selbstverständlich sein. Warum sich für etwas bedanken, das eigentlich ganz normal sein sollte? Ist es nicht das erste Gebot der Menschlichkeit, Menschen, die vor einem Krieg fliehen und mit nichts ankommen, zumindest eine helfende Hand zu reichen? Ja, eigentlich schon. Aber *eigentlich* ist eines dieser deutschen Spezialwörter. Damit wird ausgedrückt: So könnte die Welt aussehen, wenn wir nur etwas mehr Glück hätten.

Die Realität sieht nun mal anders aus. Also entschied ich mich dafür, ein Buch der Liebe und der Dankbarkeit zu schreiben. Weil ich Menschen Hoffnung machen wollte. Sowohl den Europäern, dass ihre Unterstützung nicht umsonst ist, als auch Geflüchteten, dass dieses Land hier ihre neue Heimat werden kann.

Die Reaktionen auf das Buch erstaunten mich. Vielen Menschen schien es aus dem Herzen zu sprechen. Ich wurde in TV-Shows eingeladen, zu Podiumsdiskussionen und zu zahlreichen Lesungen. Offenbar fanden es die Menschen erfrischend, einmal nicht nur über die zahlreichen Probleme zu lesen, die es nach wie vor im Umgang mit Geflüchteten gibt, sondern darüber, wie man eine neue Heimat finden kann.

Doch nicht alle Reaktionen auf das Buch waren positiv. Die Einladungen zu Poetry-Slams wurden weniger. Europäer und Europäerinnen, die sich nach außen für die gleichen Dinge wie ich einsetzten, warfen mir plötzlich so etwas wie »Verrat« vor. Wie konnte ich mich, als Syrer, bei den Österreichern und Österreicherinnen bedanken? Sind das nicht alles fremdenfeindliche und islamophobe Rassisten?

Auch in der arabischen Community sahen es einige Leute ähnlich. Nach Erscheinen des Buches war ich in Wien auf einem kleinen Straßenfest, bei dem auch eine Band aus Syrien spielte. Ich kannte einen der Musiker. Wir saßen zusammen und unterhielten uns, sprachen über unsere Familien, unsere Heimat und unser neues Leben hier in Österreich. Das führt bei uns immer unweigerlich dazu, dass der eine den anderen nach Hause einlädt. Da die Wohnung meines Freundes gleich um die Ecke lag, gingen wir zu ihm. Dort lernte ich seine ganze Familie kennen. Es wurde gekocht und es gab Tee. Als wir beim Tee saßen, sprach mich der Musiker auf mein Buch an.

»Du bedankst dich also bei den Österreichern?«, fragte
er voller Spott. »Wofür? Sie beschimpfen uns auf den Straßen, beleidigen unsere Religion und ihre Lebensweise ist
haram.«

Dass der Mann so redete, machte mich wütend. Die von
ihm beschriebenen Erfahrungen hatte auch ich gemacht.
Aber ich dachte an meine österreichischen Freunde, vor al-
lem an Alena, in die ich mich verliebt hatte, und Ruth, ihre
Mutter, die mich wie einen Teil ihrer Familie behandelte.
Er meinte doch sicherlich nicht diese Österreicher?

Kurz erschrak ich ein wenig über mich selbst. Verteidig-
te ich, als Syrer, Österreicher gegen meine eigenen Landsleute? War das der »Verrat«, der mir vorgeworfen wurde?

Doch das stimmte nicht. Ich hatte meine syrischen
Freunde unzählige Male gegen Österreicher verteidigt –
gegen Türsteher, die »Typen wie uns« nicht in Clubs lassen wollten, gegen Polizisten, die meinten, solche wie wir
hätten sicher etwas angestellt, gegen rechte Politiker, die
uns am liebsten allesamt aus dem Land schicken würden,
gegen alte Männer in Supermärkten, die uns erklärten, mit
diesen Haaren und dieser Hautfarbe gehörten wir nicht
hierher.

Und plötzlich wurde mir klar, dass beide Seiten auf genau die gleiche Weise argumentieren konnten: Es waren
die Araber, die allesamt feig, faul und frauenfeindlich waren. Und alle Österreicher waren rassistisch, verweichlicht
und ungläubig.

Diese Erkenntnis brachte mich schließlich dazu, dieses
Buch zu schreiben. Es sind Vorurteile und Verallgemeine-

rungen, die von beiden Seiten, sowohl der arabischen Community wie auch den Europäern, genutzt werden, um jede Diskussion zu beenden, noch bevor sie überhaupt anfangen konnte. Wie die anderen sind, das weiß man sowieso. Man braucht sich gar nicht die Mühe machen, einen genaueren Blick auf sie zu werfen.

In meinem zweiten Buch *Sisi, Sex und Semmelknödel* tastete ich mich vor in die österreichische Seele, die einige Überraschungen für mich bereitgehalten und von der ich seit meiner Ankunft einiges aufgenommen hatte.

Nun war es an der Zeit, mich mit meiner eigenen, der arabischen, Community auseinanderzusetzen. Das ist ein heikles Thema, denn wir Araber sind in Europa eine Minderheit. Das bedeutet nicht bloß, dass wir zahlenmäßig viel weniger sind. Es bedeutet auch, dass wir öfter Diskriminierung ausgesetzt sind – egal ob in der Schule, dem Beruf oder einfach auf der Straße. Ein Mensch namens Huber wird einen Job tendenziell eher bekommen als ein Mensch namens Alanam, auch wenn sie die gleichen Qualifikationen besitzen. Ein Omar wird tendenziell schneller angeklagt als ein Josef und taucht somit eher in einer Statistik auf. Das sind Fakten, die mittlerweile gut untersucht sind.

Wir müssen ständig gegen Vorurteile ankämpfen, die oft wie selbsterfüllende Prophezeiungen wirken. Sie zwängen uns in ein Lebensmodell, das von anderen für uns entworfen wurde.

Laut dem Integrationsbarometer 2021, das vom Österreichischen Integrationsfonds erstellt wird und für das 1.000 österreichische Staatsbürger ab dem 16. Lebensjahr zweimal im Jahr zu verschiedenen Themen befragt werden, steigt die Wichtigkeit von Integrationsthemen wieder an. Nach dem Klima ist die Migration das große Thema der nächsten Jahre. Nach dem Abzug der amerikanischen Truppen aus Afghanistan und der instabilen Lage dort wird Europa bald erneut mit Zuwanderung konfrontiert sein.

Doch wie denken die Menschen in Österreich darüber? Vor allem die »Verbreitung des politischen Islam« und die »Integration von Flüchtlingen und Zuwanderern« erfüllen sie mit Sorgen. Das Zusammenleben zwischen Österreichern und Migranten wird vermehrt als schlecht wahrgenommen. Als größtes Problem gilt die Stellung der Frau, aber auch kulturelle und sprachliche Unterschiede, Gewaltbereitschaft und Kriminalität spielen eine Rolle. 72 Prozent der Befragten gaben gar an, dass es in Österreich eine Parallelgesellschaft gibt.

Auch danach, was »gute Integration« ausmacht, wurden die Menschen gefragt. Ihre Antworten: Anerkennung der Gesetze, Arbeit zu haben, die »österreichischen Werte« zu akzeptieren und die deutsche Sprache zu beherrschen. Die Befragten gaben auch an, dass islamischer Religionsunterricht verstärkt vom Staat kontrolliert werden sollte.

Genau auf diese Sorgen möchte ich mit meinem Buch reagieren. Dabei möchte ich sie einer kritischen Betrachtung unterziehen. Kritisch prüfen, was nicht stimmt, aber auch aufzeigen, was davon reale Probleme darstellt. Denn viele Politiker sehen die Lösung darin, Probleme totzuschweigen oder unsere Community für heilig zu erklären. Ich verstehe, woher diese Angst kommt. Aber damit überlassen wir das Feld völlig den rechten Politikern, die damit in den letzten Jahren große Erfolge gefeiert haben. Und langfristig ist das die schlimmste Alternative.

Denn wir sind nicht bloß arme Opfer. Diese Sichtweise entmenschlicht uns genauso, wie uns Araber für alles verantwortlich zu machen, was in diesem Land schiefläuft. Selbst in Coronazeiten war das so: Immer wenn die Fälle anstiegen, musste das mit Leuten zu tun haben, die entweder aus ihrer »eigentlichen« Heimat wieder nach Österreich zurückkamen und das Virus einschleppten. Oder es handelte sich um Menschen, die zwar in Österreich lebten, aber nichts von der österreichischen Hygiene verstanden. Die ist ja weltberühmt, dafür muss man nur in Ischgl nachfragen.

Dass Araber oder andere Menschen mit Migrationshintergrund schuld daran sind, dass die Zahlen steigen, ist völliger Blödsinn. Doch es stimmt, dass in der arabischen Kultur das soziale Zusammenleben eine größere Rolle spielt als in der europäischen. Das führt oft zu viel Kontakt. Dieser Kontakt ist ein Netz, das uns absichert und uns hilft. Doch in Coronazeiten konnte dieses Netz auch zu einer Falle werden.

Dieses Beispiel zeigt gut, wie aus einem Aspekt unseres Zusammenlebens ein Vorurteil entsteht. Niemand macht sich die Mühe, die Gründe dafür zu erfragen. Alles, was bleibt, ist die bösartige und falsche Botschaft: Die Ausländer sind am Anstieg von Corona schuld.

Genau solche Vorurteile vergiften das Zusammenleben zwischen Europäern und Arabern. Sie führen dazu, dass die gegenseitige Ablehnung immer stärker wird und das gemeinsame Zusammenleben immer schwieriger. Ich werde den Versuch wagen, solche Vorurteile näher zu betrachten und als Araber zu sagen, was dran ist und was nicht. Wie feig, faul und frauenfeindlich sind Araber wirklich?

An dieser Stelle möchte ich auch anmerken, über wen ich schreibe. Ich bin eine Einzelperson und meine Sicht der Dinge ist von subjektiven Erfahrungen geprägt. Anders kann es auch gar nicht sein. Allerdings bin ich sehr viel innerhalb verschiedener Migrationsgruppen unterwegs, halte Vorträge und Workshops, sitze vormittags mit Schülerinnen und Schülern zusammen und diskutiere abends mit Erwachsenen. Ich selbst bin in Syrien aufgewachsen, mit einer muslimischen Mehrheit, und erst vor Kurzem nach Österreich geflüchtet. Nicht alle Muslime in Österreich sind Araber und nicht alle Araber sind Muslime. Es gibt etwa die türkische Community, von der viele schon seit drei Generationen hier leben. Auch die afghanische, irakische und iranische Kultur unterscheiden sich von der syrischen. Aber ich denke, dass wir viele Gemeinsamkeiten haben und auch viele Probleme teilen. Vorurteile sowieso. Und in Österreich kommen diese verschiedenen Gruppen immer wieder zusammen, vielleicht auch, weil sie in einen Topf geworfen werden. Wenn ich also von »meiner Community« spreche, dann meine ich damit vor allem die muslimisch-arabische. Aber viele Probleme, die ich anspreche, reichen über diese Community hinaus.

Es wird sich im Laufe dieses Buches herausstellen, dass die Welt weder schwarz noch weiß ist, sondern dass sie vielmehr in den Farben eines syrischen Basars leuchtet und dass Vorurteile eben manchmal nicht von ungefähr kommen. Sie können einen wahren Kern haben. Es ist wichtig, diesen zu erkennen. Nur so können wir eine Diskussion führen, bei der sich beide Seiten, die Europäer wie auch die zugewanderten Araber, in ihrem Wesen und in ihren Problemen verstanden fühlen. Nur so können wir das Thema Zuwanderung den Rechtspopulisten und ihren böswilligen Interpretationen entziehen.

Eine derartige Stimme gibt es noch nicht und sie fehlt. Ich möchte sie sein, auch wenn mir bewusst ist, welchem Risiko ich mich damit aussetze. Bei einer oberflächlichen Lesart meiner Argumentation werden mich viele Menschen missverstehen. Die arabische Community könnte sich angegriffen fühlen. Die vielen Europäer, die sich mit Offenheit und Engagement um die Integration geflüchteter Zuwanderer bemühen, könnten mir böse sein. Die Rechtspopulisten könnten sagen: »Seht her, wir haben es schon immer gewusst!« Doch wenn diese Gruppen bereit sind, sich mit meinem Zugang auseinanderzusetzen, werden sie bemerken, dass meine Botschaft eine des Friedens ist. Sie versucht, die Wirklichkeit abseits von Meinungsmache, Populismus oder Opferrolle zu zeigen.

Wenn Menschen, die dem Fremden offen und aufgeschlossen gegenüberstehen, über dieses Fremde sprechen, dann geht es meistens um das, was uns verbindet. Es wird das Bild einer heilen Welt gezeichnet, in der sich alle Konflikte wie von selbst auflösen. So ein Bild hat seine Berechtigung und es ist wichtig, daran zu glauben und daran zu arbeiten. Aber genauso wichtig ist es, über das zu sprechen, was uns trennt. Denn es gibt Dinge, die uns trennen. Das ist unbestreitbar. Und nur wenn wir sie anerkennen und ansprechen, haben wir eine Chance, diese Trennung eines Tages zu überwinden.

Ich möchte zeigen, dass die arabische Community aus Menschen besteht, mit all ihren wunderbaren Eigenschaften, aber eben auch mit ihren Widersprüchen und Schwächen. In diesem Sinne ist meine Botschaft zutiefst auch eine der Menschlichkeit und der Liebe.

Dabei möchte ich nichts beschönigen. Es gibt Probleme in meiner Community, nur werden sie meist entweder übersehen oder totgeschwiegen. Vielen fällt es schwer, sich mit dem westlichen Lebensmodell zu arrangieren. In manchen Fällen hat es auch mit einem gewissen Unwillen zu tun. Der Umgang mit Frauen und der eigenen Geschichte, die Stellung der Religion im öffentlichen Leben, der Einfluss der Familie, das bequeme Sich-Einrichten in der Opferrolle oder der Dialog zwischen Muslimen verschiedener Länder – mit alldem hat meine Community Probleme, die nicht einfach ignoriert werden dürfen. Ich bin überzeugt, dass wir sie lösen können, gemeinsam, aber dafür müssen wir zuerst anerkennen, dass sie da sind. Dass sie nicht bloß Wahnvorstellungen von fremdenfeindlichen Menschen sind.

Wie ich in diesem Buch zeigen möchte, haben die meisten dieser Probleme mit tief verwurzelten Traditionen und Vorstellungen zu tun. Viele dieser Vorstellungen spielen eine wichtige Rolle in unserem Leben und haben auch ihre

Berechtigung. Doch wir müssen bereit sein, Kompromisse einzugehen, wenn wir in Österreich eine neue Heimat finden wollen.

Letztlich ist mein Buch die Aufforderung zum Dialog, zum Kompromiss. Miteinander reden, einander verstehen, die Stärken und Schwächen der eigenen Lebensweise reflektieren.

Ich möchte nicht von Integration sprechen. Dieses Wort mag ich nicht besonders. Denn es bedeutet oft: Du musst so werden wie »wir«. Wer ist dieses Wir? Woraus besteht es? Soll ich alles vergessen – meine Geschichte, meine Religion, meine Traditionen, meine Identität? Die Belohnung für diesen Verzicht bleibt aus, denn am Ende bin ich nur der, der »super Deutsch spricht für einen Syrer« oder der »supergut integriert ist«. Aber wann hört die Integration auf und fängt das Leben an? Wer bestimmt das?

Statt Integration fordere ich Verständnis und Akzeptanz, sowohl von der syrischen als auch der europäischen Community. Wir sollten nicht vergessen, wofür die Menschen in Syrien und in vielen anderen arabischen Ländern gekämpft haben und gestorben sind: für ein freies Leben. Für ein friedliches Leben. Freiheit bedeutet für mich, den Mitmenschen wählen zu lassen, welches Lebensmodell er verfolgen möchte. Solange dieses Lebensmodell nicht zu Hass oder Gewalt führt und kein anderes Modell unterdrückt oder bedroht. Dafür ist gegenseitiges Verständnis die Grundvoraussetzung.

Zu diesem großen Projekt soll dieses Buch einen kleinen Teil beitragen. Und genau dafür ist es so wichtig, zu verstehen, dass die arabische Community nicht aus Tätern oder Opfern besteht, sondern aus Menschen. Keine politische Vereinnahmung schafft es, uns mit all unseren Stärken und Schwächen, Träumen und Ängsten, Hoffnungen und Zweifeln abzubilden. Aber umgekehrt ist es vielleicht möglich, ein Bild von uns zu zeichnen, wenn wir uns mit unseren Träumen und Ängsten, Hoffnungen und Zweifeln auseinandersetzen. Ehrlich und kritisch.

Als ich merkte, dass in meinen jugendlichen Liebesgedichten nur von mir die Rede war und nicht von dem, was täglich vor meiner Tür geschah, begann ich, politische Gedichte zu schreiben. Hier in Europa ist es die gleiche Motivation, die mich dieses Buch schreiben lässt. Doch eigentlich – und da ist es wieder, dieses Wort aus einer glücklicheren Welt – habe ich nie aufgehört, Liebesgedichte zu schreiben.

Der doppelte Omar

In der muslimisch-arabischen Community treffen in vielen Familien die Traditionen und Wertvorstellungen der älteren Generationen auf die Lebensrealität der jungen Menschen. In einer liberalen Gesellschaft, in der sich alle selbst verwirklichen können, lauert für die arabisch-muslimische Community die Sünde überall. Die Spannungen, die sich daraus ergeben, führen zu einer inneren Zerrissenheit vieler junger Menschen meiner Community. Diese Zerrissenheit hat schlimme Folgen.

Vor einiger Zeit traf ich mich in Wien mit ein paar Freunden. Ich kam spät in meine Wohnung zurück, es war gegen zehn. Mein Magen gab ein lautes, unfreundliches Geräusch von sich und erst jetzt bemerkte ich, dass ich noch gar nichts gegessen hatte. Ich beschloss, mir noch ein Abendessen zu besorgen.

Von meiner Wohnung ist es nicht weit bis zum Schwedenplatz. Ich holte mir dort einen Döner, aß ihn schnell auf und beschloss dann, noch einen kleinen Spaziergang zu unternehmen. Als ich die Stiegen zum Donaukanal hinunterstieg, traute ich meinen Augen nicht: Menschen schoben sich in Coronazeiten an beiden Seiten des Kanals mühsam in beide Richtungen. Vorwärts und rückwärts verschwammen in einem einzigen Gedränge. Ich dachte, wenn ich da jetzt reinspringe, dann gehe ich unter wie in der dunklen, kalten Donau.

Eilig ging ich ein paar Kilometer weiter und ließ die Massen hinter mir. Bald traf ich nur noch vereinzelt fröhliche

Nachtschwärmer, die mir in diesen sorgengeplagten Pandemiezeiten vorkamen wie Leuchtfeuer in der Dunkelheit.

Ich setzte mich auf eine Bank, schaute auf das Wasser und zündete mir eine Zigarette an.

»Entschuldigung?«

Etwas erschrocken drehte ich mich um. Ich hatte nicht bemerkt, wie eine kleine Gruppe von Jugendlichen hinter mich getreten war. Es handelte sich um zwei Jungs und zwei Mädchen, ungefähr 16 oder 17 Jahre alt. Einer der Burschen hatte mich angesprochen.

»Entschuldige«, wiederholte er. »Können wir uns zu dir setzen?«

»Klar«, sagte ich. Die Bank war groß genug, außerdem stand davor noch ein kleiner Holztisch, auf den sich ein Junge mit einem Mädchen setzte.

»Wie heißt du denn?«, fragte ich, weil ich das immer frage, wenn ich jemanden kennenlerne. Ein Gebot der Höflichkeit. Seit »Woher kommst du?« als unhöflich gilt, obwohl ich persönlich Leuten gern von Ost-Ghouta und Damaskus erzähle, fange ich meine Gespräche eben so an.

»Omar«, antwortete er.

Ich musste lachen. »Ich heiße auch Omar.«

Der Junge grinste. Tatsächlich sah er auch aus wie Omar: Er hatte volles, schwarzes Haar, dunkle Augen und war bemüht, sich einen Bart wachsen zu lassen. So hatte ich in diesem Alter ungefähr ausgesehen.

»Was machst du?«, fragte er mich.

»Ich bin Schriftsteller«, sagte ich und erzählte kurz, was ich so schreibe.

Omar, der andere, nickte, als hätte er das alles schon oft gehört. »Coole Sache«, sagte er dann. »Ich könnte auch schreiben, über sie«, er zeigte auf eines der Mädchen, »über sie und ihn«, er zeigte auf das andere Mädchen und dessen Freund, »und über mich.« Er tippte sich mit dem Daumen auf seine Brust.

Er sah nicht nur aus wie Omar und hieß Omar, sondern er redete auch wie Omar. Während ich bald aufbrechen wollte, sprach er wie ein Wasserfall von seinen Freunden und sich.

»Sie ist halbe Österreicherin«, erklärte er mir mit Blick auf eine seiner Freundinnen. »Ihre Eltern sind total cool. Sie darf fortgehen, tanzen und trinken. Sie muss nicht um zwölf Uhr zu Hause sein. Und es ist egal, mit wem sie geht.«

Dann senkte er den Blick und sprach etwas leiser weiter. »Bei mir ist das ganz anders«, erzählte er. »Wenn meine Eltern wüssten, dass ich mit österreichischen Mädchen unterwegs bin, dass wir Party machen und trinken ... Ich muss immer darauf achten, dass ich die letzte U-Bahn erwische. Verpasse ich sie, muss ich meinen Eltern erzählen, ich hätte bei einem Freund geschlafen, den sie kennen. Und wenn sie dann dort anrufen, muss mein Freund die Geschichte bestätigen. Ich muss aufpassen, welche Freunde ich mit nach Hause bringe.«

Die anderen nickten bloß bei seiner Erzählung. Offenbar hatten sie das schon öfter gehört. Ich merkte, wie sehr das den Jungen belastete.

»Ich sollte wirklich ein Buch schreiben«, meinte er zum Abschluss.

Jungen Burschen, die ähnliche Probleme haben wie Omar, begegne ich in meinen Workshops oft. Ich halte diese Workshops in Schulen, wo es nur wenige Kinder mit Migrationshintergrund gibt, genauso wie in sogenannten »Brennpunktschulen«. Wobei ich diesen Begriff, ähnlich wie das Wort »Integration«, nicht mag. Wie sollen sich Kinder fühlen, deren Schule so bezeichnet wird? Kinder sind nicht dumm. Sie merken schnell, wie man über sie denkt. Drücken wir einer Schule ein Label auf, so brandmarken wir auch immer die Kinder darin.

Kinder mit Migrationshintergrund kommen tendenziell aus einkommensschwächeren Haushalten. Ihre Eltern sind, statistisch gesehen, weniger wahrscheinlich Akademiker. In Österreich wird Bildung, wie zahlreiche Studien zeigen, vererbt. Wenn die Eltern eines Kindes studiert haben, wird das Kind wahrscheinlich auch studieren. Umgekehrt gilt leider dasselbe Prinzip.

Unser Bildungssystem und unsere Gesellschaft lassen Kinder wie Omar im Stich. In der Schule, einer staatlichen Institution, die individuelle Unterschiede ausgleichen könnte, erfahren sie meist eine andere Behandlung als Kinder, die aus Akademikerfamilien kommen. Wenig Mühe wird darauf verwendet, ihren Eltern verständlich zu machen, wie wichtig eine Ausbildung wäre. Dass Eltern sich nicht immer selbst für die Bildung ihrer Kinder einsetzen, muss nicht zwingend damit zusammenhängen, dass sie bildungsfeindlich sind. Viele denken einfach nicht daran, dass ihr Kind auf die Universität gehen könnte. Für sie ist klar: Die Universität, die ist etwas für reiche Österreicher.

Und es ist traurig, dass in unserer Gesellschaft kaum etwas getan wird, um diesem Irrglauben entgegenzuwirken.

Auch die Bildungsinhalte selbst ignorieren die Kinder, die von ihnen profitieren sollten. Europa wundert sich, warum es in der arabischen Community noch antisemitische Vorurteile gibt. Doch in den meisten Schulen wird über die Zeit des Nationalsozialismus gerade mal ein Jahr gelehrt, sodass selbst viele Österreicher erschreckend wenig darüber wissen. Über die vielen Konflikte in der jüdisch-arabischen Geschichte wird überhaupt nicht gesprochen, obwohl sie heute noch aktuell sind. Es scheint, als erwarte man, dass in der arabischen Community die gesamte Aufklärungsarbeit von den Eltern geleistet wird.

Viele Familien, die neu nach Österreich kommen, haben in arabischen Schulen oft eine entstellte Version der Geschichte präsentiert bekommen: Darin werden Juden stereotypisch dargestellt, als feige und unsolidarisch, und Hitler nicht als wahnsinniger Diktator, sondern als Beschützer seines Volkes. Hier nährt sich ein Phänomen, das dann als Vorurteil gegen alle Araber Schule macht: In Wahrheit sind sie die Rassisten, sie sind antisemitisch und homophob.

Unbestreitbar gibt es hier also Nachholbedarf. Gerade Bildungseinrichtungen müssen bemüht sein, jungen Menschen ihre Geschichte kritisch und reflektiert näherzubringen. Rassismus, Antisemitismus, Homophobie – das nimmt in der europäischen sowie in der arabischen Geschichte viel Platz ein.

Wenn Kinder mit Migrationshintergrund keine Gelegenheit haben, etwas über ihre eigene Geschichte zu lernen, dann werden sie auf Social Media und das Internet zurückgreifen. Versuchen Sie mal, eine detaillierte und nüchterne Analyse eines historischen Themas im Internet zu finden. Viel Glück! Nach drei Klicks landen Sie bei irgendwelchen seltsamen Verschwörungstheorien. Und wenn Sie diese Theorien nur oft genug sehen, dann nehmen sie langsam einen festen Platz in Ihrem Kopf ein.

Schulen müssen für Kinder wie Omar ein Platz sein, an dem sie sich nicht wie Fremde fühlen, sondern an dem sie sich kritisch mit ihrer eigenen Geschichte auseinandersetzen können. Und an dem ihnen außerdem vermittelt wird, dass auch sie, die keine Juristen oder Ärzte in der Familie haben, studieren können, wenn sie sich anstrengen.

Doch es ist genauso naiv, zu glauben, ein gut funktionierendes Bildungssystem könne die gesamte Erziehung eines Kindes übernehmen. Die Eltern spielen eine große Rolle in der Entwicklung. Und das ist auch gut so, denn die elterliche Liebe und Zuwendung können nie durch die Schule ersetzt werden. Doch das bedeutet auch, dass die Eltern eine Verantwortung ihren Kindern gegenüber haben: die Verantwortung, Kindern Möglichkeiten, nicht Pflichten aufzuzeigen und sie zu unterstützen, nicht zu drängen.

Auf meinem Heimweg dachte ich noch lange über Omar nach. Es gab einen Omar, der seinen Eltern von seinem Leben in Österreich erzählen konnte. Der ihnen erklärte, er würde anders leben, als sie es vielleicht von ihm erwartet hatten. Dieser Omar war ich. Und es gab einen Omar, der seine Eltern anlügen musste. Der Angst hatte, dass sie ihn nicht so akzeptieren würden, wie er war.

Damit kommt ein weiteres Vorurteil ins Spiel und etwas, das sich als sein wahrer Kern bezeichnen ließe: die Feigheit. Die Scheinheiligkeit. Der Sexismus.

Es gibt wenige Beleidigungen, die einen Araber so sehr treffen wie die Behauptung, er sei feige. »Warum geht ihr nicht zurück nach Syrien und kämpft dort?«, habe ich schon oft genug gehört, seit ich hier bin. Wie kann man so etwas ernsthaft fragen, wenn man in einem Land aufgewachsen ist, das zum Glück seit Jahrzehnten keinen Krieg mehr erlebt hat? In dem man nicht jeden Tag das Haus verlässt und sich umschaut nach den Soldaten, deren Schüsse man in der Nacht noch gehört hat?

Dabei haben wir gekämpft. Wir haben uns den Soldaten des Regimes mit nacktem Oberkörper entgegengestellt, gegen ihre Gewehrsalven gesungen. Wir haben ihnen Blumen geschenkt, auf ihre Gewalt mit Liebe geantwortet. Wenn alles um dich herum kämpft, ist es der größte Mut, diesem Kampf zu widerstehen. Wir haben gesehen, wie Freunde neben uns gestorben sind, haben die Erschütterungen der Häuser erlebt, die es neben uns zerrissen hat. Erst als der Schmerz nicht mehr zu ertragen war, sind wir geflüchtet. Sind wir deshalb feige?

Doch es gibt eine andere Art von Mut, die uns manchmal fehlt. Ich habe Freunde, die in Syrien Ähnliches oder sogar Schlimmeres erlebt haben als ich. Sie haben ihren Mut oft unter Beweis gestellt. Doch hier haben sie Angst, ihrer Familie zu erzählen, dass sie sich in eine österreichische Frau verliebt haben. Sie trauen sich nicht, ihren Freunden zu erzählen, dass sie am Wochenende in Discos gehen, trinken und tanzen. Oder sie erzählen es nur den Freunden, die das Gleiche tun und sich genauso schämen.

Doch entscheidet man sich dafür, führt man zwei getrennte Leben. Es gibt dann zwei Omars: einen, der mit seinen österreichischen Freunden und Freundinnen abhängt, tanzen geht, Alkohol trinkt. Und einen, der mit seiner syrischen Familie die Moschee besucht und bei jedem Fest versichert, nach einer guten Frau Ausschau zu halten. Ein Mensch hat aber eben nur ein Leben. Und jeder Versuch, zwei zu führen, macht krank und unglücklich.

Meiner Erfahrung nach flüchten übrigens die Menschen, die anderen am öftesten vorwerfen, sie lebten haram, am stärksten in diese heile Scheinwelt. Es ist fast so, als müssten sie für jede vermeintliche Sünde, die sie begehen, bei jemand anderem eine entdecken. Wie ein Reflex, um sich zu versichern: Ich bin nicht schlecht. Der andere ist es mindestens genauso!

Als ich in Graz einen Deutschkurs besuchte, saß ein Mann mit mir in der Klasse, vielleicht zehn Jahre älter als ich. Wir sprachen öfters miteinander. Eines Tages gingen wir beide nach Hause und schoben die Fahrräder, auf denen wir sonst fuhren, neben uns her. Ich erzählte ihm freimütig von meiner Situation. Ich hatte mich gerade in Alena verliebt und spürte diesen Konflikt in mir. Wie sollte ich damit umgehen? Ich dachte, er würde mich vielleicht verstehen, mir gut zureden. Doch das Gegenteil war der Fall.

»Nein, nein, nein«, rief er, »eine Europäerin?«, als wäre damit schon alles gesagt. Er erinnerte mich in diesem Moment an das, was ich oft von Europäern gehört habe: »Eine

Muslima? Wie könnte ein Europäer denn mit einer Muslima zusammen sein?«

Neben diesem Sexismus, der eine große Rolle bei vielen Vorurteilen spielt, ist es auch die Scheinheiligkeit, die viele junge Menschen kaputt macht. So wie alle europäischen Jugendlichen gehen sie fort, sie trinken, sie tanzen, sie verlieben sich. Sie sind glücklich. Im gleichen Moment aber wissen sie, dass dieses Glück falsch ist. Es fühlt sich so echt an, so wahr, aber sie wissen, dass es falsch sein muss, denn sonst müssten sie es nicht verheimlichen.

Einige Monate nachdem mein Bekannter so schockiert reagiert hatte, feierte ein Freund Geburtstag und wir gingen in die Postgarage. Den Mann aus dem Deutschkurs hatte ich schon ganz vergessen.

Die Postgarage ist ein Club, in dem es ziemlich dunkel ist. Die Lichter flackern über die Tanzfläche und zerteilen die Menschen, die sich darauf bewegen, in hundert kleine Stücke. Immer nur ein Teil ist von ihnen zu sehen: ein Arm, ein Bein, Haare, das Gesicht. Nie sieht man sie ganz.

Laute Technomusik dröhnte aus den Boxen. Nicht meine Musik, aber es war der Geburtstag meines Freundes, also ging ich eben mit. Als wir in den Club kamen, war noch nicht allzu viel los. Wir waren früh dran. Doch in der Mitte der Tanzfläche stand schon ein Kerl mit schwarzem Kapuzenpullover, das Gesicht unter der Kapuze versteckt. Er hielt ein Glas Whiskey in der Hand und bewegte sich abgehackt zur Musik.

Dann drehte er sich um, blickte auf und ich dachte, das gibt's doch nicht. Es war der Kerl, der gemeint hatte, ich könnte doch keine Europäerin lieben, denn der ganze europäische Lebenswandel sei haram! Der Kerl, der mir versichert hatte, er wäre ein guter Mann, mit Frau und Tochter, wie es sich gehörte. Und jetzt blickte er mir hier auf der Tanzfläche entgegen, den Whiskey, der wohl nicht über Nacht plötzlich halal geworden war, in der Hand, inmitten einer Technodisco. Viel westlicher ging es nicht.

Ich sah kurz den überraschten Ausdruck auf seinem Gesicht, dann verschluckte ihn das Licht. Nur noch Teile von ihm waren zu erkennen. Teile, die sich nicht zu einem Ganzen zusammenfügen wollten.

Muttersöhnchen

Vor und während unserer Flucht haben wir großen Mut bewiesen.
Doch es gibt tatsächlich etwas, wovor wir uns fürchten: vor dem
Konflikt mit Traditionen und Denkmustern. Wir halten viele Dinge
lieber geheim, besonders gegenüber Menschen, die uns am nächsten
stehen. Ist das Feigheit? In gewisser Weise ist es das wohl. Und wir
haben selbst darunter zu leiden. Denn es führt zu Identitätskrisen
und dem Gefühl der Orientierungslosigkeit. Das enge Netz der Fami-
lie, das uns Sicherheit geben kann, wird so manchmal zum Gefäng-
nis. Das unreflektierte Festhalten an Traditionen nährt so auch den
wahren Kern des Vorurteils, wir würden in der Vergangenheit leben.

So viel vorweg: Wir Geflüchteten sind keineswegs Feiglin-
ge, in dem Sinne, in dem manche Europäer uns das unter-
stellen. Viele von uns haben Gefahren ausgestanden und
uns durch Situationen gekämpft, die Menschen in Europa
höchstens aus Netflix-Serien kennen, aus der sicheren Distanz ihrer Couch. Wir haben Tod, Verzweiflung und Gewalt
gesehen, nicht nur in unseren Heimatländern, sondern
auch auf unserem Weg hierher. Der Entschluss, zu bleiben,
war genauso mutig wie der, die Heimat zu verlassen und
eine neue zu suchen.

Doch es gibt eben diese andere Art von Feigheit, die
uns plagt. In der arabischen Gesellschaft spielen Ehre und
Pflicht eine große Rolle. Traditionen geben Halt und Sicherheit in unserer Lebenswelt, die viele Jahrzehnte lang
von Chaos und Unordnung geprägt war. Selbst in Zeiten
des sogenannten »Friedens« unter Hafiz al-Assad, dem Va-

ter des heutigen Diktators Baschar al-Assad, verschwanden Tausende Menschen still und leise von den Straßen Damaskus' und Aleppos, wenn sie die Nationalhymne nicht laut genug sangen oder am Geburtstag des Präsidenten nicht ausgelassen genug tanzten.

Herrscht die Willkür, sehnen sich die Menschen nach Stabilität. Gesetze, Regeln und Traditionen versprechen diese Stabilität. Aber der Mensch ist nun mal kein perfektes Wesen. Er kennt Leidenschaften, Triebe, Verlangen. In der arabischen Welt legen wir ein Schweigen über diese menschlichen Schwächen, wie es sonst nur in der Wüste herrscht. Die arabische Sprache kennt die schönsten, tiefsten Liebesgedichte und zugleich dürfen wir sie nur so selten benutzen, um von dem zu sprechen, was wir lieben.

Hier in Europa werden wir mit diesen versteckten Trieben und Leidenschaften jeden Tag konfrontiert. Alkohol ist überall zu erwerben, Medien zeigen Bilder von freizügigen Menschen, es gibt zahlreiche Partys, jeder darf jeden lieben. Darauf hat die arabische Welt oft mit Ablehnung reagiert. Von »Teufelszeug« ist da die Rede, vom »bösen Westen«. Dabei übersehen wir, dass wir diese Lebensweise nicht ablehnen, weil sie uns so fremd ist. Wir lehnen sie ab, weil sie zeigt, was wir so zwanghaft zu verstecken versuchen.

Dabei sind viele unserer Traditionen und Gesetze wundervoll. Sie lehren eine Gastfreundschaft, die unabdingbar gilt. Sie stärken die Bande von Familie und Freundschaft und helfen so, füreinander zu sorgen. Zuletzt schaffen sie auch einen wichtigen Platz für Spiritualität in unserem Leben, die auf die Frage nach dem Sinn Antworten verspricht. Doch wir Araber vergessen dabei oft, dass Gesetze und Traditionen uns frei machen sollten. Sie sollen uns nicht einkerkern. Wir müssen mutig sein, unsere vermeintlichen Schwächen zu akzeptieren und zu lernen, dass sie zum Menschsein dazugehören.

Ich bin der Überzeugung, dass Menschen im Herzen tiefgläubig und gut sein können und trotzdem Bier trinken oder am Wochenende feiern. Viele junge Araber in Europa sind zerrissen zwischen den Traditionen ihrer alten und den Verlockungen ihrer neuen Heimat und fühlen sich so nirgendwo zu Hause. Dabei müssen wir beides respektieren und schätzen lernen. Und abwägen, was sich für uns selbst richtig anfühlt.

Vor der blinden Individualität des Westens wird in arabischen Ländern oft gewarnt. Und tatsächlich liegt die Rettung nicht in zwanghafter Selbstverwirklichung oder rauschhaftem Konsum. Diese Selbstverwirklichung kann genauso zu einer Fessel werden wie Traditionen, die uns zwingen, etwas vorzuspielen, was wir nicht sind.

Du willst kein Bier trinken, weil es dein Imam als haram bezeichnet? Dann soll dich niemand dazu zwingen.

Dir schmeckt dieses dunkelgelbe Getränk und ab und zu möchtest du nach einem besonders schweren Arbeitstag eine Flasche trinken? Dann solltest du dir auch von niemandem einreden lassen, dass diese Empfindung aus dir einen schlechten Menschen macht.

Die Zerrissenheit beginnt bei so kleinen, alltäglichen Handlungen, reicht aber viel weiter in unser Leben hinein.

Ein Schulfreund von mir, mit dem ich in Syrien den Schulabschluss gemacht habe, ist nach Deutschland geflüchtet. Wir hatten viele Jahre nichts voneinander gehört, doch die Flucht kann zusammenbringen. Geflüchtete beginnen, die sozialen Netzwerke nach Menschen zu durchsuchen, die das gleiche Schicksal gewählt haben wie sie. So kamen wir wieder in Kontakt. Er folgte mir auf *Facebook* und *Instagram* und wir konnten sehen, wie es uns mit unseren neuen Leben so ging.

Er kommt aus einer großen Familie, die in Syrien viele Geschäfte besitzt. Sie handelt mit Datteln und Holz. Nachdem der Krieg in Syrien ausgebrochen war, verstreute sich seine Familie über die ganze Welt, doch egal wohin es sie verschlug, sie schafften es, dort ein Geschäft aufzubauen und mit Holz und Datteln zu handeln.

Nachdem ich mein erstes Buch *Danke!* veröffentlicht hatte, schrieb er mir eine lange Nachricht. Eine deutsche Familie würde ihn unterstützen, er machte eine Ausbildung und war gerade dabei, einen Onlineshop für Datteln aufzubauen. Als Dank für diese Familie suchte er ein Geschenk und fragte mich, ob ich ihm ein signiertes Buch schicken könnte. Nichts sagt Danke so gut wie ein Buch, das *Danke!* heißt.

Etwas später sah ich auf seinem *Instagram*-Account Bilder aus Beirut. In Graz war es gerade tiefster Winter und es fühlte sich für mich auch nach einigen Jahren so an, als würden Eiskristalle in meinen Haaren wachsen, wenn ich auf die Straße trat. Der Winter ist eine Jahreszeit, die ich erst so richtig in Europa kennengelernt habe. In Beirut hingegen war es sonnig und angenehm warm.

Ich schickte ihm ein paar Nachrichten, schrieb ihm, dass ich ihn um die Sonne beneidete, und fragte, wie es ihm ginge. Wenig später rief er mich an.

»Ich besuche meine Familie«, erzählte er mir. »In Beirut ist das leichter als in Syrien.«

Ich erinnerte mich. Auch für mich war der Libanon die erste Station auf meiner Flucht gewesen. Das Land ist von Syrien aus leicht zu erreichen. Dort war ich in einer kleinen Wohnung gelandet, in der Schimmel über die Tapete wucherte und ich Angst hatte, mit jedem Atemzug etwas von dem Verputz einzuatmen, der als feiner Staub durch die Räume geisterte. Ich lebte dort zusammengepfercht mit zwanzig anderen Syrern und musste auf dem Balkon schlafen. Ich arbeitete in einem Supermarkt für einen Hungerlohn. Mein eigentliches Gehalt bestand aus dem Trinkgeld, das die Libanesen mir gaben. Sie sahen, dass ich aus Syrien kam, und steckten mir oft einige libanesische Pfund zu. Zunächst war ich froh über diesen dringend notwendigen Zuverdienst, doch mit der Zeit wurde ich wütend.

Die Menschen hoben selten den Blick, wenn sie mir hastig die Scheine zusteckten. Während ich Milch, Datteln, Eier und Wasserflaschen über den Scanner zog, wurde mir klar, dass ich genauso zur Ware geworden war wie die Produkte, die ich verkaufte. Diese Leute erkauften sich von mir einen Tag Ruhe von ihrem Gewissen. Genau wie Wasser ihren Durst und Datteln ihren Hunger stillten, so gaben sie mir ein paar Pfund, um nicht weiter darüber nachdenken zu müssen, was mit mir passierte. Als mir das klar wurde, nahm ich kein Trinkgeld mehr an.

»Danke«, sagte ich und versuchte, ihnen in die Augen zu sehen, »aber ich werde für meine Arbeit bezahlt.« Obwohl diese Bezahlung viel zu niedrig war. Letztlich musste ich nach Syrien zurückkehren.

Ich werfe den Menschen ihr Handeln nicht vor. Es liegt nicht allein an ihnen, mir und den vielen anderen Geflüchteten ein neues Leben einzurichten. Doch ich halte das gesamte System für falsch. Gebt uns keine Almosen, gebt uns Chancen!

Auf den Bildern, die mein Schulfreund von Beirut auf *Instagram* lud, war von dieser Armut nichts zu sehen. Schöne Strände, hellblaues Meer und gut besuchte Cafés zeigten eine Seite der Stadt, nach der ich mich damals gesehnt hatte, die sich allerdings als Trugbild herausgestellt hatte.

»Sag mal, Omar«, fragte mein Freund, als wir miteinander sprachen, und seine Stimme wurde plötzlich zögerlich. »Wie machst du das eigentlich mit deiner Frau? Und dem Kind?«

»Alena und ich sind nicht mehr zusammen«, verbesserte ich ihn. »Wir leben auch nicht zusammen. Aber sie spielte und spielt noch immer eine wichtige Rolle in meinem Leben und wir haben entschieden, dass wir unseren Sohn gemeinsam großziehen werden.«

»Aber wie kann das funktionieren?«, fragte er. »Was sagen deine Eltern dazu?« Und dann ließ er einen Schwall an Vorurteilen über europäische Frauen los, die leider weitverbreitet sind und die jeder Araber kennt, auch wenn er noch nie einen Fuß auf europäischen Boden gesetzt hat. Sie seien egoistisch, würden immer ein eigennütziges Ziel verfolgen, würden den Männern die Kinder wegnehmen, wären eben nicht das, was in Syrien als »gute Frau« gilt.

»Die hat sicher nicht bloß ihre Mutter auf den Mund geküsst«, schloss mein alter Schulfreund. Ein oft gehörtes Sprichwort in der arabischen Welt.

Ich versuchte, einiges richtigzustellen. Dass es verschiedene Arten gibt, um zusammenzuleben, und viele Formen, sich zu lieben. Es braucht nur den Mut, sich auf neue einzulassen. »Und meine Mutter hat es am Ende auch verkraftet«, erklärte ich ihm.

»Du hast ja recht«, sagte er schließlich. Er klang erschöpft. »Ich frage dich, weil ich mich auch verliebt habe, hier in Deutschland, in eine Argentinierin. Es ist ernst.«

»Und?«, fragte ich. »Hast du es deiner Familie gesagt?«

»Lange habe ich es geheim gehalten«, sagte er. »Aber irgendwann habe ich es nicht mehr ausgehalten. Ich habe gegenüber meiner Mutter Andeutungen gemacht.«

»Und was ist dann passiert?«, fragte ich aufgeregt.

»Ich dachte, es wäre gut gelaufen. Sie hat wenig gesagt. Nur gemeint, ich müsse wissen, was richtig ist für mich.«

»Das ist ja toll!«, meinte ich begeistert.

»Dachte ich auch«, sagte mein Freund. »Aber fünf Minuten nachdem ich aufgelegt hatte, rief mich mein Cousin aus Schweden an. ›Du brichst deiner Mutter das Herz‹, hat er mir gesagt. Und danach mein Cousin aus den Emiraten: ›Willst du, dass deine Mutter stirbt?‹« Die halbe Welt, erzählte er mir, habe bei ihm angerufen.

Ich halte seine Mutter nicht für die Böse in dieser Geschichte. Sie wird sich, so wie jede Mutter, das Beste für ihren Sohn wünschen. Nur hindern sie Traditionen und Gewohnheiten daran, zu akzeptieren, dass dieses Beste auch in einer Argentinierin liegen kann, die ihr Sohn in Deutschland kennengelernt hat. Dass dieses Beste in seinen eigenen Entscheidungen liegen muss, nicht in denen von irgendjemand anderem.

Ich sprach ihm Mut zu. Doch ich wusste, wie schwer seine Situation war. Er hätte mit seiner Familie brechen können, doch das ist in der arabischen Kultur ein schweres Vergehen. Nach Allah kommen bereits die eigenen Eltern.

»Du und das, was du hast, gehören deinem Vater« und »Das Paradies liegt unter den Füßen der Mutter« sind beliebte Sprüche, um zu verdeutlichen, wie wichtig die Eltern sind. »Muttersöhnchen« ist in Deutschland und Österreich ein Schimpfwort, um auszudrücken, dass jemand feig ist, schwach und unselbstständig. Das ist Blödsinn, denn eine gute Beziehung zu seiner Mutter ist nichts, wofür man sich schämen müsste. Doch manchmal kann diese Beziehung tatsächlich zu eng werden und erdrückend wirken.

In Syrien, wo es kein Sozialsystem wie in Europa gibt, sorgen im Alter meist die Kinder für ihre Eltern. Am Ende des Lebens geben sie ihren Eltern jene Fürsorge, die sie zu Beginn ihres eigenen erfahren haben.

In Europa revoltieren Kinder gerne gegen ihre Eltern, wenn sie heranwachsen. Dann wird geraucht, fortgegangen und laute Musik gehört. Oftmals vergessen sie dabei, wie viel sie ihren Eltern verdanken und wie viel die Eltern für sie aufgeben. Arabische Jugendliche haben ein umgekehrtes Problem. Sie wollen ihren eigenen Weg gehen, aber werden dabei nicht unterstützt, wenn dieser Weg nur ein wenig von dem abweicht, was ihre Familie für sie geplant hat. Dabei fehlt oft der Mut, zu sagen: »Ich gehöre nicht meinen Eltern. Ich liebe sie, ich bin ihnen dankbar, ich werde sie immer unterstützen, so gut es geht. Aber ich gehöre ihnen nicht. Ich gehöre mir selbst.« Es ist diese Freiheit, für die viele von uns überhaupt erst geflohen sind.

Die Liebe, die ich meinen Eltern entgegenbringe, soll auch nicht aus Zwang und Furcht geleistet werden, sondern aus mir selbst kommen. Die arabische Gesellschaft verkompliziert dieses Verhältnis aber noch weiter. Ich habe schon gelernt, dass in einigen Teilen von Europa, Deutschland zum Beispiel, Privates und Berufliches strikt getrennt werden. Österreich ist da der arabischen Lebenskultur viel näher, denn hier sind Freunde oft Geschäftspartner und umgekehrt. Dann schreiben sich Politiker und Medienmacher WhatsApp-Nachrichten mit vielen Smileys, so wie ich mit meinen Freunden, aber sie verabreden keine Treffen, sondern schließen Regierungsgeschäfte ab. In Syrien ist diese Beziehung mindestens genauso eng. Söhne steigen in das Business ihrer Väter ein oder übernehmen die Geschäfte ihrer Schwiegerväter. Auch mein Schulfreund hatte nach seiner Flucht die Möglichkeit, in Deutschland für die Handelskette seiner Familie zu arbeiten. Mit der Familie zu brechen, hätte also auch bedeutet, seine finanzielle Grundlage zu verlieren.

Nach unserem Telefonat verging einige Zeit und sein Dilemma verschwand aus meinen Gedanken. Bis ich eines Tages auf Social Media sah, dass er geheiratet hatte. Allerdings nicht seine argentinische Liebe, sondern ein Mädchen aus seinem Heimatdorf. Den Traditionen gemäß hat er richtig gehandelt. Doch ist er seinem Herzen gefolgt? Und wie frei war die Frau in der Wahl ihres Ehemanns?

Solche Hochzeiten sind keine Seltenheit. Mit jedem Jahr wird der Druck, zu heiraten, größer. Die Familie kümmert sich um alles. Sie sagen: »Mach dir keine Sorgen.« Sie kennen genug andere Eltern, die Töchter haben und alle auf der Suche nach einem guten Schwiegersohn sind. Ich kann diese Zerrissenheit nachvollziehen. Vielen jungen Arabern bleibt von ihrer Heimat nichts als die Familie. Sie ist die Insel, auf der sie ihr Haus bauen. Sie rettet vor dem Ertrinken im Meer einer Fremdheit, an die sich viele nur schwer gewöhnen können. Doch auf so einer Insel können wir auch festsitzen. Plötzlich erscheint sie uns als der einzige Ort, an dem wir leben können. Wir merken nicht, dass das Meer voller Inseln ist, die wir zumindest besuchen könnten.

In einer Familie sollte man sich gegenseitig schützen und unterstützen. Das ist in der arabischen Welt auch der Fall. Familienbande sind die stärksten, die es gibt. Doch ich würde mir wünschen, dass Väter und Mütter öfters ihre Kinder fragen: »Was macht dich wirklich glücklich?«, ohne zu glauben, die Antwort bereits zu kennen.

Junge Menschen müssen selbst ausprobieren, was sie glücklich macht. Und wenn sie entdecken, dass sie einen anderen Weg gehen wollen als den ihrer Eltern, dann müssen die Eltern lernen, das zu akzeptieren.

Traditionen können uns eine wichtige Stütze sein, vor allem in einem Land, das fremd und unnahbar wirkt. Aber wenn wir sie blind befolgen, verlieren sie ihren Sinn. Wir müssen uns fragen: Helfen sie uns, glücklich zu werden? Denn nur wer selbst glücklich ist, kann dieses Glück auch an andere weitergeben. Wir müssen also mutiger sein. Wir müssen den Mut aufbringen, zu unseren Eltern zu sagen: »Ich liebe euch, aber das ist meine Entscheidung. Ich entscheide, wie ich lebe und wen ich lieben will.« Wer liebt, wird das verstehen. Denn Verständnis ist die Währung der Liebe.

Leben mit dem Feind

»Araber sind faul, arbeiten nicht und legen sich in die soziale Hängematte«, sagen viele Europäer. »Europäer sind rassistische Kolonialisten, die den Krieg in Syrien und anderen Ländern der arabischen Welt überhaupt erst möglich gemacht haben«, sagen viele arabische Prediger und Politiker. Wer so argumentiert, macht es sich zu einfach. Das steht fest. Aber was steckt hinter solchen Vorurteilen? Was ist es, das sie nährt? Haben auch sie einen wahren Kern?

Ich warf mit aller Kraft die Tür meiner Grazer Wohnung hinter mir zu, streifte Jacke und Schuhe ab, schmiss sie achtlos in eine Ecke und ließ mich auf das Sofa meines Wohnzimmers fallen. Dort atmete ich erst mal durch und versuchte, meine Wut loszuwerden.

Neben dem Schreiben verdiene ich mein Geld mit Workshops, Vorträgen und Seminaren, also ist Diskutieren eigentlich mein Beruf. In diese Workshops kommen Österreicher genauso wie Migranten. Ich halte sie in sogenannten »Brennpunktschulen« und in kleinen Dörfern. Die Kinder sind meist neugierig auf meine Geschichten und erzählen gerne ihre eigenen, damit wir im Anschluss über ihre Sorgen und Ängste, aber auch über ihre Vorurteile sprechen können. Am schwierigsten ist es jedoch, mit Erwachsenen zu diskutieren. Dann verlässt eine Diskussion schon mal den Boden der Tatsachen und beginnt, sich wild im Kreis zu drehen. Das erschöpft mich. Es macht mich wütend. Und ich fühle mich hilflos.

Mit diesen Gefühlen lag ich auf dem Sofa und dachte über das Gespräch nach, das ich mit einigen syrischen Bekannten geführt hatte, die ich bereits seit meiner Ankunft in Graz kannte. Ab und zu trafen wir uns und erzählten, was wir so taten und wie es uns ging. Dabei machte ich schon bald eine traurige Entdeckung: Während ich von neuen Büchern und Lesungen erzählte oder von den Orten, an die mich meine Workshops gebracht hatten, erzählten einige von ihnen immer die gleiche Geschichte. Sie teilten sich eine Wohnung, telefonierten viel mit ihrer Familie aus Syrien oder schauten irgendwelche Filme im Internet. Arbeit hatten sie keine und sie suchten auch nicht wirklich danach.

Waren sie faul? Wollten sie nicht arbeiten? Dachten sie, ihre beschwerliche Flucht von Syrien nach Europa wäre genug Anstrengung gewesen? Das zumindest versuchen uns einige Politiker immer wieder einzureden. Aber ist da was dran?

»Warum suchst du dir denn keine Stelle?«, fragte ich bei unserem heutigen Treffen Hakim, einen anderen Syrer in meinem Alter. Er hatte in Syrien mit einem technischen Studium begonnen und war ein geschickter Handwerker.

»Mich würde sowieso niemand nehmen«, sagte er. Er klang nicht wütend, er sagte es teilnahmslos.

»Hast du es denn probiert?«

»Inschallah«, sagte er und zuckte mit den Achseln. Wenn Gott will.

Zacharia, einer seiner Freunde, meldete sich: »Der Staat bezahlt uns doch.«

Das verwirrte mich. »Bist du Beamter?«, fragte ich ihn.

Zacharia lachte. »Nein, aber am Ende jedes Monats bekomme ich Geld überwiesen. Wenn das kein Gehalt ist, was soll es sonst sein? Wahrscheinlich ist es für die ganzen Kurse, in die wir gehen müssen.«

Mir wurde klar, was die beiden meinten. Sie dachten daran, wie Arbeit in Syrien abläuft. Von den flexiblen Öffnungszeiten habe ich ja bereits geschrieben, aber es gibt auch so etwas wie eine flexible Bezahlung. Am Ende jedes Monats musst du als Angestellter zu deinem Chef gehen und dann über deine Bezahlung verhandeln. Wie viel hast du verkauft? Wie viele Stunden warst du im Laden? Warst du freundlich zu deinen Kunden oder hast du die meiste Zeit nur Kaffee getrunken?

In Europa ist die Bezahlung eine unpersönliche Transaktion. Für einen Arbeiter ist sie ganz selbstverständlich. Wenn er am Monatsanfang sein Konto unverändert vorfindet, ist das ein Skandal. Er kann sich bei der Gewerkschaft beschweren.

Für einen Syrer liegen die Dinge anders. Ein sicheres Einkommen hat nur, wer für den Staat arbeitet. Solche Stellen waren vor dem Krieg sehr begehrt. Das Einzige, wovor ein Beamter in Syrien Angst haben muss, ist, zu weit aufzusteigen und dann eine Gefahr für einen anderen mächtigen Beamten darzustellen. Am besten, man strengt sich nicht zu sehr an, macht das, was nötig ist, und erregt keine Aufmerksamkeit. Die Klischees, die es über österreichische Beamte gibt, gelten also auch in Syrien. Mit der Ausnahme, dass in meinem Heimatland viel Geld von einer Hand in die andere geschoben wird, um die großen und kleinen bürokratischen Prozesse etwas zu beschleunigen.

Doch in der syrischen Privatwirtschaft geht es manchmal zu wie im Wilden Westen. Die Bezahlung kommt unregelmäßig und sie fällt nicht immer so aus wie zuvor ausgemacht. Wenn also ein Syrer hier in Österreich vom Staat pünktlich Geld auf sein Konto überwiesen bekommt, dann fühlt sich das für ihn an wie eine Bezahlung.

»Das sind Sozialleistungen«, versuchte ich, Zacharia und Hakim zu erklären.

Ich kenne mich gut mit diesem Thema aus, immerhin sind Sozialleistungen für Geflüchtete wie mich vor allem in der ersten Zeit nach ihrer Ankunft besonders wichtig. Doch sie sind auch ein undurchschaubarer Dschungel aus Papier, durch dessen Ranken ich mir einen Weg mit unzähligen sinnlosen Telefonaten geschlagen habe, in denen mich Beamte einfach immer weiterverwiesen. Die Zuständigkeit ins Endlose verschoben müssen wir, die in diesem Land neu ankommen, ohne Kontakte oder Einstiegsmöglichkeiten uns um jeden Cent bemühen.

Auch Sozialleistungen gibt es in Syrien nicht. Zwar gibt es Pensionen, aber die sind so gering, dass sie nicht mal für die Monatsmiete reichen. Eine Krankenversicherung gibt es genauso wenig. Das ganze Prinzip des Sozialstaats ist einem Syrer fremd. Der Staat kümmert sich nicht um seine Bürger. Er bringt sie zum Schweigen, zwingt sie, den Mund nur dann aufzumachen, wenn die Nationalhymne erklingt oder ein Lied auf Baschar al-Assad. Der Staat unterdrückt, foltert und tötet seine Bürger. Warum sollte er ihnen Geld geben?

In Syrien misstrauen die Bürger dem Staat. In Österreich ist es allerdings genau umgekehrt: Vertrauen in den Staat ist notwendig. Jeder, der arbeitet, zahlt Steuern und andere Abgaben. Dabei kommt das Geld wieder der Allgemeinheit zugute: Kinder können in die Schule gehen, Kranke ins Krankenhaus und Geflüchtete wie Hakim, Zacharia und ich sind nicht sofort nach unserer Ankunft Armut und Obdachlosigkeit ausgesetzt. Es ist nicht viel, aber richtig eingesetzt können wir uns damit zumindest eine Zeit über Wasser halten.

Doch eigentlich wussten die beiden das genauso gut wie ich. Sie suchten bloß nach einer Ausrede, es sich bequem machen zu können. Sie erfüllten also das Klischee des »faulen Arabers«. Doch dieses Klischee wird in unserer eigenen Kultur noch mehr verachtet als in Europa! Wenn ein zwanzig Jahre alter Mann in Syrien den ganzen Tag zu Hause säße und Geld vom Staat bekäme, dann würde ihn sein Vater hinauswerfen. Er wäre eine Schande für die ganze Familie. Geld anzunehmen, für das man nicht gearbeitet hat, daran wäre gar nicht zu denken!

Es gibt eine Anekdote, die mir mein Großvater erzählt hat: Dem Kalifen Umar, einem der »rechtgeleiteten« Kalifen, wurde von einem frommen Muslim erzählt. Er würde täglich beten und den Koran auswendig kennen.

»Und was arbeitet dieser Mann?«, fragte der Kalif.

»Nichts«, wurde ihm geantwortet. »Er betet den ganzen Tag.«

»Dann soll er mir aus den Augen gehen«, sagte der Kalif darauf streng.

Arbeit ist in der arabischen Gesellschaft ein großer und wichtiger Wert. Die Familie gibt darauf acht, dass ein junger Mensch nicht auf Kosten anderer lebt. Doch die Väter, Mütter und Großeltern bleiben meist in Syrien. Sie haben nicht die nötige Kraft oder den Willen, zu fliehen. Somit kommen junge Menschen nach Österreich, ohne Richtung und Orientierung, aber auch ohne jemanden, der ihnen ins Gewissen redet. Sie bekommen ein Arbeitslosengeld, das in Syrien mehreren Monatslöhnen entsprechen würde. Sie erliegen dieser Bequemlichkeit und fangen an, nach Ausreden zu suchen, nicht arbeiten gehen zu müssen.

Eine dieser beliebten Ausreden ist, dass Europa schuld ist an den Konflikten in Syrien. Dieses System auch noch mit Steuern zu unterstützen, wäre haram.

»Sozialleistungen sind dafür gedacht, dass ihr die Zeit überbrücken könnt, bis ihr eine Stelle findet«, erklärte ich Hakim und Zacharia bei unserem Gespräch. »Und dann zahlt ihr irgendwann Steuern und helft damit anderen Menschen, denen es ähnlich geht wie euch.«

»Omar, glaubst du, ich bezahle dieses Land auch noch?« Hakim starrte mich entgeistert an. »Wofür? Dafür, dass sie unsere Leute vor hundert Jahren kolonisiert haben und jetzt auch noch den Krieg befeuern?«

Zacharia verschränkte die Arme vor der Brust und lachte trocken. »Länder wie dieses hier sind schuld daran, dass wir überhaupt flüchten mussten. Wegen dem Westen herrscht immer irgendwo Krieg, egal ob im Iran, im Irak, in Afghanistan oder Syrien. Wie sollen wir uns so ein Leben aufbauen?«

»Da ist es doch das Mindeste, dass sie uns entschädigen«, fügte Hakim hinzu.

Es war nicht das erste Mal, dass ich diese Meinung gehört habe. Das Misstrauen gegenüber dem Westen, was nicht nur die USA, sondern auch Europa einschließt, sitzt tief. Wenn die Europäer von Kolonialismus hören, denken sie meist an Afrika. Aber auch viele Länder im sogenannten Nahen Osten wurden lange von europäischen Nationen kontrolliert. Sie teilten die Gebiete nach Glaubensrichtungen auf. So wurden die Territorien der schiitischen Alawiten, Drusen und Sunniten im heutigen Syrien zusammengefasst, während die christlichen Maroniten den Staat Libanon bekamen.

Diese Einteilung entlang von Konfessionen spaltete die Menschen nur noch stärker. Erst durch die Interventionen der Europäer wurde Religion politisiert und jede Gruppe begann, nach der Macht in Syrien zu streben und sich von den anderen abzugrenzen. Bis heute ist diese Trennung aufrecht und vergiftet das politische Klima. So gehört die Familie Assad zu der Gruppe der Alawiten. Die Alawiten waren historisch betrachtet arme Bauern. Daher schlossen sich viele nach der Gründung des syrischen Staates der Armee an. Es waren sichere, gut bezahlte Jobs, für die man keine Qualifikationen brauchte und die Aufstiegsmöglichkeiten in dem jungen Staat boten.

Während die syrische Politik zu Beginn von sunnitischen Muslimen geprägt war, fanden sich im Militär vor allem Alawiten. Das nützte Hafiz al-Assad aus, als er 1970 die Macht im Land übernahm. Doch in den nächsten Jahrzehnten sah er sich mit dem Problem konfrontiert, dass er als Alawit von der sunnitischen Mehrheit des Landes abgelehnt wurde. Also nahm er an sunnitischen Festen teil und unterdrückte öffentlich eine Diskussion um Religionszugehörigkeit, so gut es ging. Für Familien spielte es dennoch eine wichtige Rolle, wer Sunnit und Schiit, Christ oder Druse war.

Krieg kehrt die schlimmste Seite der Menschen hervor und so brachen zu Beginn des syrischen Bürgerkriegs auch die alten Feindschaften entlang der Konfessionen wieder aus. Ein Teil dieses Problems geht auf den Umgang der Europäer mit Syrien zurück. Das lernen bei uns die Kinder bereits in der Schule. Für die meisten Europäer scheint das allerdings schon längst vergessen zu sein.

Auch in der Zeit, als die arabischen Staaten unabhängig waren, hörte die europäische Einflussnahme nicht auf. Besonders die USA sind durch ihre vielen Interventionen und verdeckten Operationen ein Feindbild für zahlreiche Araber. Doch zum Westen zählen eben auch europäische Länder.

Mit europäischen Waffen, auch deutschen und österreichischen, wurden während des Bürgerkriegs Freunde von mir getötet. Es ist leicht, die Produktion dieser Waffen in Österreich und Deutschland als wichtige Wirtschaftsleistung zu betrachten, die viele Arbeitsplätze ermöglicht. Doch es waren diese Waffen, vor denen ich mich tagelang in verlassenen Bunkern versteckte und deren Schüsse mich nachts aus dem Schlaf rissen.

»Dieses Land ist unser Feind, Omar«, sagte Zacharia und klang dabei vorwurfsvoll. »Versteh das doch! Sie haben unser Land und unser Leben zerstört!«

Und plötzlich waren wir wieder mitten in der Diskussion über gut und schlecht, über schuldig und unschuldig. Die Europäer waren schuld an allem Schlechten, das uns Syrern je widerfahren war. Es war eine bitterböse Ironie, dass uns zur Flucht nur jene Länder blieben, die unsere Heimat überhaupt erst zu einem Ort des Krieges und der Gewalt gemacht hatten.

Ein Syrer, der das glaubt, will nichts von Integration wissen. Die österreichische Politik bezeichnet ihn als faul? Das ist ihm egal, denn er denkt, die Politiker seien Mörder. Er soll arbeiten gehen und dem Staat Steuern zahlen? Wofür, denkt er, damit sie noch mehr Waffen produzieren?

In der arabischen Community sind solche Schuldzuweisungen weitverbreitet. Sie finden sich in zahlreichen Memes und Kommentaren auf Social Media. Imame aus Katar, der Türkei, Saudi-Arabien, Syrien oder dem Irak, die mittlerweile über *YouTube* Hunderttausende Muslime in Europa erreichen, bekräftigen diese Vorstellungen. Sie predigen, wie schlecht und verkommen der Westen sei und dass er am liebsten den gesamten Islam vernichten würde.

Irgendwie ironisch, dass in Österreich die FPÖ behauptet, wir Muslime wollen das Christentum aus Europa verdrängen, während in arabischen Staaten fundamentalistische Fernsehprediger genau das Gegenteil verkünden.

Ich lag noch immer auf der Couch, starrte an die Decke und dachte über diese vielen Schuldzuweisungen nach. Weil mich das aber nur noch wütender machte, stand ich auf und trat an das Fenster meiner Wohnung. Ich blickte auf einen kleinen Innenhof, der auf eine belebte Straße führte. Die tiefen Temperaturen des Spätherbsts hielten den Innenhof besetzt, krochen die Häuserwände herauf und versuchten, durch die Ritzen der Fenster in die Wohnungen zu dringen.

Im Innenhof befand sich auch eine öffentliche Toilette. Zu dieser Zeit benutzte sie kaum jemand. Ein Putzwagen stand davor und die Tür der Toilette ging auf. Ein großer Mann mit schwarzem Haar kam heraus, eingepackt in eine dicke, wattierte Jacke und mit schwarzen Handschuhen. Er werkte am Wagen herum, entnahm ihm einen Eimer und einige Putzflaschen und verschwand wieder in der Toilette.

Ich wusste, dass er ein Flüchtling wie ich sein musste, jedoch (noch) ohne Papiere. Denn es gab die Möglichkeit, wenige Stunden für die Stadt Graz zu arbeiten, selbst wenn man keine Papiere hatte. Dann bekam man genau solche Jobs.

Etwas an dem Mann, entweder seine Haare oder seine Gestalt oder seine Bewegungen, erinnerte mich an einen Marokkaner, den ich in der Türkei getroffen hatte. Nach meiner unglücklichen Zeit im Libanon, der Rückkehr nach Syrien und meiner Verhaftung hatte ich endgültig den Entschluss gefasst, meine Heimat zu verlassen. Die Türkei war das erste Ziel meiner Reise, denn sie war vom Libanon aus ohne Visum zu erreichen. Mein Freund Firas und ich kauften ein Flugticket von Beirut nach Istanbul und konnten es kaum fassen, als die Maschine tatsächlich abhob.

Zu diesem Zeitpunkt machte ich mir keine Gedanken, wo ich den Rest meines Lebens verbringen würde. Ich hatte kein klares Ziel. Die Türkei schien mir allerdings kein schlechter Ort, um zu versuchen, mir ein neues Zuhause aufzubauen. Das Land liegt Syrien nicht nur geografisch, sondern auch kulturell nahe. Wie die Menschen leben, wie sie essen und trinken, ihre Tagesabläufe und sozialen Gepflogenheiten – es war leicht für mich, damit zurechtzukommen. Die Menschen waren Muslime, so wie ich, und mit Arabisch kam man in der Türkei zumindest weiter als in Österreich.

Doch das Verhältnis der Türkei zu ihren Bürgern ist eher mit dem von Syrien zu vergleichen als mit dem von Österreich. Und um die, die Bürger werden wollen, schert sie sich erst recht nicht. Erst mal musste ich feststellen, dass nicht nur Firas und ich die Idee gehabt hatten, in die Türkei zu flüchten. Tausende Syrer waren bereits in dem Land und versuchten, sich irgendwie durchzuschlagen. Zumindest kannte Firas ein paar Leute, sodass wir nach unserer Ankunft in ein winziges Appartement ziehen konnten, zusammen mit vier anderen Männern. Anders als in Österreich scherte sich der Staat absolut nicht um uns. Es gelang uns, in der Anonymität der Istanbuler Straßen unterzutauchen. Doch vom ersten Tag an war uns klar, dass dieser Staat für Geflüchtete wie uns nichts übrig hatte – kein Zimmer, kein Brot und schon gar kein Geld. Wer nicht arbeiten konnte, würde nicht überleben.

Dabei war es gar nicht so schwer, eine Stelle zu finden. Viel leichter als in Österreich. Bürokratie ist kein Problem. In der Türkei stellt dich schnell jemand ohne Papiere ein, vor allem wenn du aus Syrien kommst. Die türkischen Chefs wissen, dass du auf diese Arbeit angewiesen bist. Sie können mit dir machen, was sie wollen, denn deine Alternativen sind, entweder in der Türkei nichts in den Magen zu bekommen oder in Syrien eine Kugel.

Ich arbeitete also bald darauf in einer Fabrik, in der ich am Fließband stand und Schuhränder schliff. Bis zu sechzehn Stunden am Tag für einen Hungerlohn, von dem mir mein Chef so viel ausbezahlte, wie es ihm gefiel. Für ihn war ich eine Maschine, nur billiger. Und ersetzbar. Hätte ich mich beschwert, hätte er mich einfach rausgeworfen. Und egal wo ich hingegangen wäre, es wäre überall dasselbe gewesen.

Weil ich ohne Atemschutz arbeitete und viel Staub einatmete, musste ich bald darauf mit Lungenproblemen ins Krankenhaus. Für Erholung war aber keine Zeit. Während ich im Krankenhausbett lag, konnte ich bloß an die Arbeitsstunden denken, die ich verpasste.

Als ich es nicht mehr aushielt, kündigte ich und bekam eine Stelle in einem Restaurant. Die Luft war besser, doch die Umstände dieselben: Für fünf Wochen Arbeit bekam ich drei ausbezahlt.

Während meiner Zeit in der Schuhfabrik stand mir gegenüber am Fließband ein Mann aus Marokko. Sein Name war Hassan. Es wäre zu viel, zu behaupten, Hassan und ich wären gute Freunde geworden. Aber während der vielen Stunden dieser monotonen und dumpfen Tätigkeit, das Klingeln der Schleifmaschine in meinen Ohren und den Geschmack von Leder und Staub auf meiner Zunge, blieb mir nichts anderes übrig, als Hassans Gesicht zu studieren, der nur wenige Meter von mir entfernt der gleichen stumpfsinnigen Tätigkeit nachging.

Er hatte dunkle, gutmütige Augen und kurze Haare, die glatt waren, ganz anders als meine. Unter seiner Nase verlief ein dezenter Schnurrbart und er verfügte über eine kräftige Statur. Meistens wollten wir nach der Arbeit sofort nach Hause, um etwas zu essen und uns ein wenig von dem Schlaf zu holen, der uns während unserer Zeit vor dem Fließband davonzulaufen schien. Doch ein paar Mal gingen wir nach der Arbeit gemeinsam auf einen Tee.

Dann erzählte er mir, wie er Marokko verlassen hatte, mit den Träumen von einem besseren Leben. Er berichtete von seiner Familie in einem kleinen Dorf nahe dem Atlasgebirge und davon, dass er weder genug Geld gehabt hatte, um ein ordentliches Studium abzuschließen, noch Kontakte, um einen guten Job zu bekommen. Es herrschte zwar kein Krieg in Marokko, aber er kämpfte gegen das gleiche Monster wie ich: die Hoffnungslosigkeit, die unsere Zukunft in eine Wüste zu verwandeln drohte. Er dachte, das Monster besiegt zu haben, als er in der Türkei ankam. Doch wie sich zeigte, hatte er den Kampf nur aufgeschoben. Das, was er sich erhofft hatte, war ähnlich wie die Bilder, die meinen Flug nach Istanbul begleitet hatten.

In dieser geteilten Zukunft verlor ich mich, ließ die staubverkrustete Gegenwart mit ihrem Gestank nach Schmieröl und Schweiß in die tausend Lichter der Istanbuler Nacht verschwinden. Die Tatsache, dass nicht nur ich solche Wünsche verspürte, machte sie ein wenig realer, greifbarer. Doch diese Ähnlichkeit, die zwischen Hassan und mir, die zwischen allen Geflüchteten herrscht, beraubte mich auch ein Stück weit meiner Individualität.

Wir beide wussten, dass es vielleicht nur einer, vielleicht gar keiner von uns schaffen würde. Wir waren aus der Hölle unserer Heimat in das Fegefeuer dieses Molochs gestürzt. Wem würde es gelingen, ins Paradies zu gelangen, wo Hoffnung keine Lüge mehr ist, die man sich erzählt, um morgens aus dem Bett zu kommen? Denn das ist das Paradies für mich: ein Ort, an dem ich hoffen darf. Ehrlich und ernsthaft, ohne die Gewissheit verdrängen zu müssen, dass diese Hoffnung jederzeit von einer Gewehrsalve zerfetzt werden könnte wie die Häuser der Innenstädte in Damaskus, Aleppo und Ost-Ghouta.

Doch ich wollte nicht bloß darauf warten, dass mir etwas passierte. Auf Arabisch hört man jeden Tag Dutzende Male »Inschallah«, »so Gott will«. Wenn Gott will, bekomme ich gute Noten, finde eine schöne Frau, verdiene viel. Wenn Gott will, endet der Krieg in Syrien bald, kann ich wieder nach Hause, wird alles so, wie es früher war. Damit wollen gläubige Muslime zum Ausdruck bringen, dass Gott allein die Geschichte unseres Lebens kennt. Und das mag stimmen. Allah kennt sie, aber leben müssen wir sie trotzdem selbst.

Das, was ein Europäer oft als Faulheit betrachtet, kann auch Schicksalsergebenheit sein. Doch ich wollte mich meinem Schicksal genauso wenig ergeben wie den Soldaten von Assad. Ich versuchte, mir ein eigenes Geschäft in der Türkei aufzubauen. Einen kleinen Laden, ähnlich dem, in dem ich früher in Syrien Solaranlagen verkauft hatte. Als ich sah, dass mir das nicht gelingen würde, weil die Türkei keine Geflüchteten als Wirtschaftskräfte in ihrem

Land haben wollte, beschloss ich, mich in ein Schlauchboot zu setzen und nach Europa zu fahren.

Es war Nacht, als wir die Küste hinter uns ließen. Ich spürte das Schaukeln der Wellen, das Zittern der Menschen, hörte ihr flaches Atmen und ihre gemurmelten Gebete. Sehen konnte ich nichts, die Sterne leuchteten nur schwach, das Meer war ein schwarzer Schlund. Ich konnte die Richtung, in die wir fuhren, nicht bestimmen. Ich wusste nur, ich fuhr meinem eigenen Schicksal entgegen. Dem Schicksal, das ich gewählt hatte.

Einige Jahre später stand ich nun also vor dem Fenster meiner Grazer Wohnung, nur durch ein beschlagenes Doppelfenster von der kalten, österreichischen Herbstluft getrennt, und dachte noch einmal an das, was Zacharia und Hakim gesagt hatten.

Lebte ich wirklich in Feindesland? Hatte ich mich im Wunsch, mein eigenes Schicksal zu bestimmen und meinen Weg zu gehen, unwissentlich in die Höhle des Löwen begeben, in das Zentrum des Bösen, das nichts als Verwüstung und Schrecken über die arabischen Länder gebracht hatte?

Nein. Ich lebe in Österreich und Europa, die Probleme haben mit Migranten wie mir. Sie machen es uns oft nicht leicht. Der Weg zu einer Arbeitserlaubnis ist beschwerlich, das Geld für Deutschkurse ist knapp und Menschen mit rassistischen und rechtsextremen Gedanken entsprechen tatsächlich den schlimmen Vorstellungen, die manche Fernsehprediger heraufbeschwören. Wir werden bei der Suche nach Arbeit oftmals benachteiligt und diskriminiert. Um diese Missstände zu beenden, fordere ich politischen und gesellschaftlichen Wandel. Gleichzeitig aber bietet Österreich alle Voraussetzungen, um sich ein gutes Leben aufzubauen. Habe ich einen Job, dann ist es selbstverständlich, dass ich pünktlich und genau bezahlt werde. Ich habe Anspruch auf medizinische Versorgung und rechtlichen Beistand. Das habe ich weder in Syrien noch in der Türkei. In Österreich ist Sicherheit möglich.

Europa mag seinen Teil zu den syrischen Problemen beigetragen haben, aber es sind dennoch syrische Probleme, unsere Probleme. Nicht Österreicher haben damals auf mich geschossen, mich vor der Wohnung meines Onkels geschnappt, in einen Wagen verfrachtet, mich stundenlang misshandelt und ausgehorcht, sondern Syrer. Unsere Politiker sind verantwortlich für die Konflikte in unserem Land. Und wir selbst müssen dazu beitragen, sie zu lösen.

Anfangen können wir, indem wir uns eine sichere und stabile Zukunft aufbauen. Dafür müssen wir mit dem ständigen Suchen nach Ausreden aufhören. Das ist eine Eigenschaft, die wir mit den Österreichern teilen. »Inschallah« soll nicht länger unsere Handlungen aufschieben und in die Hände einer höheren Macht legen, sondern ihnen Kraft geben.

Es sind diese Vorurteile über den bösartigen, kapitalistischen Westen, die den religiösen und politischen Führern in die Hände spielen. Sie verhindern die kritische Auseinandersetzung mit der eigenen Politik und treiben ihnen zweifelnde, unglückliche Menschen zu.

Sind wir Syrer also faul? Nein, aber oft verstellen uns Vorurteile über das Land, in dem wir nun leben, die Sicht und wir ergeben uns einem Schicksal, das uns aus der Verantwortung zieht. Ich nahm mir vor, Zacharia und Hakim genau das zu sagen, wenn wir uns das nächste Mal sehen sollten.

Ich wollte mich gerade vom Fenster abwenden, da ging die Tür der Toilette wieder auf und der Mann trat erneut auf die Straße. Mein Mund öffnete sich vor Staunen, doch kein Geräusch wollte aus ihm dringen. Ich war mir sicher, in dem Mann, der mit sauber gestutztem Bart durch die Gegend blickte, meinen alten Bekannten Hassan entdeckt zu haben! Ich stand hinter dem Fenster meiner Grazer Wohnung und blickte hinunter auf diesen Geist aus meiner Vergangenheit, der seinen Wagen über das kalte Kopfsteinpflaster schob. Wie leicht hätten unsere Rollen vertauscht sein können und ich wäre der namenlose Flüchtling ohne Papiere, der in der Kälte des nahenden Winters öffentliche Toiletten putzt. Hassans und mein Schicksal sind, wie das jedes Geflüchteten, miteinander verwoben, weil sie vertauschbar sind, weil sein Leben meines hätte sein können und umgekehrt. Die Politik versagt dabei, gleiche und faire Chancen zu schaffen. Und somit bleibt uns oft nichts anderes, als auf unser Glück zu vertrauen.

Schnell lief ich in den Vorraum und suchte meine Schuhe, die ich zuvor achtlos durch die Gegend geschleudert hatte. Mit offenen Schnürsenkeln und meiner Jacke, in der nur einer meiner Arme steckte, lief ich auf den Vorhof. Ich wollte Hassan umarmen, wollte ihn zu einem warmen Tee einladen, wollte ihn fragen, wie es ihm ergangen war und wie es ihn hierher nach Graz, in meine neue Heimatstadt, verschlagen hatte. Doch als ich in den Vorhof trat, dessen Pflastersteine bereits glatt geworden waren und das Eis ankündigten, das sie bald umschließen würde, war er verschwunden. Ich konnte weder ihn noch den Putzwagen irgendwo entdecken. Ich ging noch ein Stück weiter, trat auf die Straße vor meinem Wohnhaus. Einige Menschen spazierten Richtung Innenstadt und blieben ab und zu stehen, um einen Blick in Schaufenster zu werfen. Doch von Hassan keine Spur. Verwirrt kehrte ich in meine Wohnung zurück und goss den Tee auf, den ich eigentlich mit Hassan hatte teilen wollen. Ob er bloß eine Einbildung gewesen war, hervorgerufen durch meine Erinnerungen? Ich glaubte nicht daran. Ich setzte mich mit meinem Tee auf mein Sofa. Der Dampf des heißen Wassers stieg vor meine Augen und löste sich im Raum auf.

Ich musste darüber nachdenken, wie sich meine Individualität in dem Strom der Zufälle, von dem das Leben eines Geflüchteten stärker getragen wird als von anderen, verlor. Ich stellte mir vor, wie mein Leben aussehen würde, müsste ich ohne Papiere hier leben, hätte ich keinen Anschluss gefunden, keine Gedichte geschrieben. Vieles, wurde mir klar, war mir einfach passiert. Was davon war mein Verdienst und was purer Zufall? Und, aus der Sicht von Hassan, Zacharia und Hakim gefragt, wer war schuld am Lauf unserer Leben? Der Westen, die Politik, die Europäer, Assad, die Prediger des Hasses und der Gewalt, höhere Mächte, die anderen, hinter denen wir immer Zuflucht suchten, wenn etwas nicht gelang?

Doch Schuld bringt uns nicht weiter. Es ist richtig, dass die europäische Politik faire Ausgangsbedingungen für alle schaffen sollte, auch für jene, die nicht hier geboren sind. Weil jeder Mensch faire Chancen verdient und weil viel mehr Menschen, als die meisten glauben, ihre Chancen auch nutzen. Aber wir brauchen neue Begriffe, unbelastet wie das Leben, das wir uns aufbauen wollen. Die Suche nach der Schuld kettet uns an das unüberwindbare Gebirgsmassiv der Vergangenheit, dessen Ende sich in der Ferne verliert. Den Westen für alle unsere Sorgen und Probleme verantwortlich zu machen, hilft uns nicht. Am Ende muss ich selbst die Verantwortung für das übernehmen, was ich tue oder sage. Diese Verantwortung muss von mir eingefordert werden. Nur so kann ich mich selbst behaupten in diesen austauschbaren Geschichten des Schicksals eines Geflüchteten, die andere über mich erzählen. Unterstützt werde ich dabei von guten Freunden, zu denen ich Araber genauso wie Österreicher zähle. Doch am Ende bin ich es, der entscheidet. Ich muss es sein, denn nur so kann ich etwas ändern.

Veränderung ist die Hoffnung darauf, dass es morgen anders sein wird als heute.

Veränderung ist der Grund, warum ich mit einem Bus in den Libanon gefahren, mit einem Flugzeug in die Türkei geflogen, mit einem Schlauchboot nach Griechenland getrieben und schließlich zu Fuß nach Österreich gegangen bin.

Wenn wir also hierherkommen und dieselben Vorurteile, dieselben Verhaltensmuster mitbringen, dann war der ganze lange, beschwerliche, qualvolle Weg umsonst. Dann sind wir noch lange nicht angekommen.

Sprich Deutsch, Oida!

Migranten lernen kein Deutsch, ist ein weitverbreitetes Vorurteil.
»Sprich Deutsch, Oida!«, wird einem zum Beispiel in der österrei-
chischen Bundeshauptstadt Wien mit dem ihr eigenen Idiom schon
bei der kleinsten Unverständlichkeit entgegengeschleudert. In dem
Vorwurf, nicht Deutsch zu lernen, liegt die größere Sorge, sich nicht
mit »europäischen Werten« zu identifizieren. Stimmt dieses Vorur-
teil? Was sind diese Werte eigentlich? Und warum ist es tatsächlich
gerade für Migranten so wichtig, die deutsche Sprache zu lernen?

Die Liebe zu Realityshows ist etwas, das Europäer und Araber teilen. Jedes Wochenende versammeln sich Familien
vor dem Fernseher und fiebern mit ihren Lieblingskandi-
daten mit. Wer kommt in die nächste Runde? Wer scheidet
aus?

Es gibt arabische Realityshows, in denen junge Dichte-
rinnen und Dichter ihre Werke vorlesen. Wer am Ende übrig bleibt, bekommt eine Million Dollar. Die Gedichte sind
dabei oftmals politisch und kritisch. Realityshows müssen
also nicht zwingend so dumm sein, wie wir sie aus dem
amerikanischen Fernsehen kennen.

Ich hätte eine Idee für eine Realityshow, die in Europa
bestimmt durch die Decke gehen würde. Zwanzig Araber
bekommen zunächst einige Wochen Unterricht in »europäischen Werten«. Aus Büchern und Filmen sollen sie lernen, wie sich ein Österreicher oder Deutscher zu verhalten hat. Wie grüßt er, wie kauft er ein, wie zieht er sich an?
Nebenbei lernen die Araber auch die großen Errungen-

schaften der westlichen Zivilisation kennen: Demokratie, Geschlechtergerechtigkeit, Frühstück bei McDonald's und wie man es schafft, eine bürokratische Formalität auf fünf Büros und zehn Beamte aufzuteilen, sodass am Ende niemand mehr weiß, wer für was zuständig ist.

Wir, die Araber, folgen aufmerksam den Schulungsvideos, müssen von Zeit zu Zeit Tests ausfüllen, mit vielen Fangfragen, und am Ende bekommen wir Lederhosen geschenkt, damit wir in der Menge untertauchen können. Der Spaß geht da aber erst los. Nach diesem Kurs werden wir in die »echte Welt« entlassen, begleitet von einem Kamerateam. Es hält fest, wie gut wir uns schon anpassen konnten. Kulturelle Missverständnisse und sprachliche Barrieren amüsieren das Publikum.

Die Zuseher erleben mit, wie sich einer von uns in eine Österreicherin verliebt, und fragen sich gespannt: Wird er bei der ersten Auseinandersetzung handgreiflich oder hat er mittlerweile gelernt, seine Aggression anders zu verarbeiten?

Ein anderer findet nach langer Suche einen Job, aber sein Chef stellt sich als Rassist heraus, der ihn nur eingestellt hat, weil er sich davon gute Publicity erwartet. Das Publikum tut sich schwer, zu entscheiden, wem seine Sympathien gehören sollen. Hat der Chef nicht auch recht? Solche Sachen darf er eigentlich nicht sagen, aber ist sein neuer Mitarbeiter nicht wirklich seltsam und faul und auch ein wenig ungebildet?

Jede Woche müssen sich die Zuseher, die aufmerksam vor den Fernsehgeräten sitzen, entscheiden, wer eine Runde weiterkommt und wer nicht genug gelernt hat, wer sich nicht anpassen konnte an die zivilisierte, schöne Welt. Wer rausfliegt, wird abgeschoben, denn er hat vor laufenden Kameras bewiesen, dass er ungeeignet ist für diese Gesellschaft. Dass er sich in ihr nicht zurechtfinden kann.

Wenn die Teilnehmer nachts schweißgebadet aus ihren Albträumen aufwachen, weil sie die Schrecken ihrer Heimat nicht einfach an der Grenze zurücklassen konnten, sind die Kameras nicht dabei. Es wird weggeschnitten, wenn die Teilnehmer zittern aus Angst, etwas falsch zu machen, bevor sie zum ersten Mal einen Supermarkt betreten. Sie filmen nicht, wie die Teilnehmer weinen, wenn die Sehnsucht nach der Familie ihren ganzen Körper erfüllt und als Tränen aus ihnen herausbricht. Das wäre geschmacklos. Und geschmacklos ist man in Europa nicht.

Wer am Ende übrig bleibt, wer am besten von allen integriert ist, der bekommt selbstverständlich eine Belohnung. Keine Staatsbürgerschaft, das wäre dann doch zu viel des Guten, aber einen Lebensvorrat an Schnitzel und die Erlaubnis, sich in jeder Situation zu beschweren.

Ich bin sicher, so eine Show würde auf reges Interesse stoßen. Die Leute würden in Internetforen darüber diskutieren, welcher der Teilnehmer nun am besten integriert sei. Sie würden lange Artikel schreiben, um sich für oder gegen Kandidaten auszusprechen. In Zeitungen würden Darstellungen und Gegendarstellungen veröffentlicht werden. Einige der Kandidaten würden den Durchbruch schaffen, Stars werden und dann in späteren Staffeln wieder zurückkehren, vielleicht sogar als Lehrer der neuen Bewerber auftreten.

Das Beste an dieser Show: Es braucht eigentlich nur noch die Kameras. Alles andere ist schon vorbereitet.

Jeder Mensch, der in Österreich lebt, soll auch die österreichischen Werte verstehen und akzeptieren. Offenbar müssen jedoch nur ganz bestimmte Gruppen von Menschen dafür Kurse absolvieren. Alle anderen haben diese Werte mit der Muttermilch aufgesogen. Die Österreicher sowieso, aber auch andere Europäer oder Amerikaner. Für sie wären Wertekurse nur Zeitverschwendung. Für Menschen aus Syrien, Afghanistan oder dem Irak sind solche Kurse jedoch notwendig.

Die Funktionsweise dieser Kurse ist simpel wie genial: Alles wird in Klassenräumen gelernt, während der Kontakt mit der Bevölkerung so gut wie möglich vermieden wird. Wo wir wohnen, wann wir arbeiten dürfen, ob die Qualifikationen unseres Heimatlands hier anerkannt werden, das scheint die Politik nicht wirklich zu kümmern. Wichtig ist, dass es Kurse gibt, in die wir ein paar Mal die Woche gesteckt werden, um dort zu lernen, wie das Leben funktioniert. Es ist ein wenig so, als würde ich versuchen, Klavier spielen zu lernen, ohne jemals vor einem Klavier zu sitzen. Ich bekomme Vorträge über die Geschichte des Klaviers, über seine Funktionsweisen und Mechanik, aber berühren darf ich es nicht. Zu groß die Gefahr, dass meine Unwissenheit etwas zerstören könnte.

Und so bleiben wir Araber in einer seltsamen Realityshow gefangen. Wir werden durch eine Glaswand betrachtet, jeder unserer Schritte wird überwacht und bewertet, während es uns schwer gemacht wird, diesen gläsernen Käfig zu verlassen und mitzuleben.

»Probieren geht über Studieren« ist ein österreichisches Sprichwort, das so gar nicht zum Land der Doktortitel passt. Es müsste heißen: Studieren, ohne je zu probieren.

Die europäische Politik stellt sich bei der Arbeit mit Migranten wie mir äußerst ungeschickt an. Dabei übersieht sie, dass die einzige Möglichkeit, langfristig für Frieden und Wohlstand zu sorgen, darin besteht, eine inklusive Gesellschaft mit möglichst wenig Ungleichheit zu schaffen. Doch dieser Prozess ist kompliziert und auch teuer. Es ist einfacher, die Distanz zu wahren, denn aus der Distanz erkennt man nicht gut, mit was man es zu tun hat. Aus der Ferne fürchten wir uns und mit Angst lassen sich immer Wählerstimmen gewinnen.

Doch dieser ganze Prozess hat auch eine andere Seite. Nämlich die von uns Arabern. Uns wird es nicht einfach gemacht, uns in dieses neue Leben einzufinden. Aber manche nehmen diese Hindernisse als Entschuldigung, um sich mit ihrer neuen Lebensrealität überhaupt nicht auseinanderzusetzen. Wir übersehen ebenso, dass es in unserem eigenen Interesse ist, in diese neue Kultur einzutauchen.

Alles fängt mit der Sprache an. Die Sprache ist das wichtigste Werkzeug des Friedens. Wer Worte kennt, braucht keine Schläge. Wer sich mit Sätzen auszudrücken vermag, muss nicht nach dem Gesetz des Stärkeren leben. Die Sprache in Österreich und Deutschland ist Deutsch. Und man kann von dieser Sprache halten, was man will, ohne sie wird man immer ein Fremder bleiben.

Als ich neu ankam in Österreich, sprach ich noch kein Deutsch. Jede Bezeichnung, jedes Straßenschild und jede

Aufschrift waren mir unverständlich. Lange Buchstabenketten und komplizierte Schachtelsätze verängstigten mich. Wie eine Mauer aus dickem Beton standen sie zwischen mir und dem, was ich sehen und verstehen wollte. Der Klang dieser rauen Aussprache erinnerte mich an Befehle und Gespräche zwischen Unbekannten. Gleichzeitig war die Sprache für mich wichtiger als für andere, da ich mit und in ihr arbeitete. Meine arabischen Gedichte würden hier nur sehr wenig Aufmerksamkeit erfahren. Also setzte ich alles daran, so schnell wie möglich die deutsche Sprache zu lernen.

Ich erlebte, wie ich die Welt um mich herum langsam besser verstand. Jede neue Vokabel riss ein Loch in diese Betonmauer der Unverständlichkeit, durch die plötzlich Lichtstrahlen dringen konnten, bis ich ein Land vor mir sah, das nicht bloß grau, kalt und abweisend war. Plötzlich waren die Wiesen grün und der Himmel blau und zum ersten Mal verspürte ich Glück, angekommen zu sein.

Ich ging durch die Straßen von Graz und schnappte Wörter auf, die ich verstand. Ich verlief mich nicht mehr, weil ich die Straßennamen lesen konnte. Und ich fühlte mich nicht mehr verfolgt. Das Gefühl, fremd zu sein, ist deswegen so schmerzhaft, weil es uns beständig verfolgt. Ein Fremder zu sein, bedeutet, fremd für die anderen zu sein. Zwischen diesen anderen laufe ich in Fußgängerzonen hindurch, ich stehe zwischen ihnen in den Schlangen vor der Supermarktkasse, ich zwänge mich zwischen sie in den Straßenbahnen. Weil ich ihre Sprache nicht spreche, kann ich sie nicht verstehen und mir bleibt nichts anderes übrig, als ihre Blicke und Gesten zu deuten. Doch Blicke und Gesten sind zweideutig, missverständlich, nicht zu fassen. Genau deswegen spielt die Sprache eine so wichtige Rolle für uns.

Egal wo ich war, ich fühlte mich fremd. Denn ich hatte das Gefühl, alle anderen wussten, dass ich sie nicht verstehen konnte. Ich fürchtete, sie könnten von meinen Lippen, meinen Augen, meinen Haaren ablesen, dass unbekannte Wörter zwischen uns standen und uns auf Abstand hielten.

Eine neue Sprache zu lernen ist wie sehen zu lernen. Blind tastet man sich durch eine Welt voll seltsamer Symbole und Zeichen. Nach und nach lernt man, sie zu entschlüsseln, und entdeckt, dass sie sich gar nicht so sehr von dem unterscheiden, was man von zu Hause, aus der bekannten Welt, kennt. Doch um das zu verstehen, muss ich sie in dieser neuen Sprache lesen können.

Wie können wir zutiefst menschliche Gefühle wie Liebe oder Sehnsucht ausdrücken, wenn nicht durch Sprache? Ich kann jemandem nicht bloß durch meinen Körper zu verstehen geben, dass ich ihn liebe. Diese Versuche führen meist zu Missverständnissen, oft sogar zu Schlimmerem. Ohne Sprache sind wir auf unseren Körper angewiesen. Aber der Körper ist grob, beängstigend und unser Versuch, über ihn Gefühle auszudrücken, endet oft in Gewalt.

In Syrien konnten wir nicht mehr miteinander sprechen, wir durften es nicht. Als die Proteste gegen Assad begannen, versuchten wir, statt Waffen unsere Stimmen zu erheben. Ghiath Matar, ein Schneider aus Darayya, einem Vorort von Damaskus, organisierte solche Proteste. Er setzte sich dafür ein, dass die Demonstranten den Soldaten der Regierung friedlich begegneten, dass sie nichts anderes einsetzten als ihre Stimme.

Als die Armee in seinen Stadtteil vorrückte, stellte er sich vor den Zug der Demonstranten, mit nichts in der Hand als Blumen. Er schenkte den Soldaten weiße Blumen und versuchte, ihnen zu erklären, warum er, warum sie alle hier waren. Nicht gegen sie, die Soldaten, nicht gegen Menschen oder Landsleute richtete sich der Protest, sondern dagegen, ein Land mit Gewalt zu regieren. Die Proteste richteten sich gegen Unterdrückung und dagegen, sich im Schweigen zu verlieren.

Wenig später wurde Matar vom syrischen Geheimdienst verschleppt. Einige Tage nach seinem Verschwinden wurde Matars verstümmelte Leiche vor die Tür seiner schwangeren Frau gelegt. Zu seinem Begräbnis kamen zahlreiche Menschen, selbst Botschafter aus Deutschland und den USA. Wegen seiner friedlichen Proteste wurde er als »der kleine Gandhi« bekannt.

Welchen Weg man auch wählt, den friedlichen der Sprache oder den gewaltvollen des Körpers, in Syrien führen sie beide ins Chaos. Eine Gesellschaft, in der wir nicht miteinander sprechen können, frei und ohne Angst, wird früher oder später untergehen. Denn wir müssen miteinander reden, um uns als Menschen anzuerkennen. Und dafür brauchen wir eine gemeinsame Sprache. Die Politik tut zu wenig, um das zu ermöglichen. Aber gleichzeitig müssen auch alle, die diese Sprache nicht sprechen, begreifen, wie wichtig sie ist. Manchen wird es leichter fallen als anderen, diese neue Sprache zu lernen. Die Politik und Gesellschaft sollten geduldig sein und mehr Möglichkeiten anbieten, als sie es zurzeit tun.

Ich verfolge fassungslos, wie immer mehr Deutschkurse gekürzt oder gestrichen werden. Aber sind die Möglichkeiten erst mal da, müssen sie auch ergriffen werden. Nicht, um die Europäer zufriedenzustellen, sondern aus der puren Notwendigkeit heraus, in dieser Gesellschaft eine Stimme zu haben und wahrgenommen zu werden. Hier in Österreich dürfen, können und müssen wir sprechen. Miteinander, mit anderen, auf Arabisch und Deutsch. Die Gesellschaft muss den Raum für unsere Sprache vergrößern und fördern. Aber gleichzeitig müssen wir diesen Raum viel stärker besetzen.

Dabei will ich keineswegs, dass wir die arabische Sprache vergessen oder verlernen. Für mich ist sie noch immer die schönste, eleganteste Sprache der Welt. Sie kann wie der Hauch des Windes sein, wie die Strömung eines klaren Bergflusses, wie Musik, die durch die nächtlichen Gassen einer arabischen Medina, einer Altstadt, schleicht. Mein Sohn wächst mit beiden Sprachen auf, Deutsch und Arabisch. Beides sind »seine« Sprachen. Er wird lernen, sich in beiden Welten ausdrücken zu können. So wird es ihm möglich sein, in beiden Welten eine Identität zu entwickeln, die wirklich ihm gehört.

Araber weigern sich, Deutsch zu lernen. Dieses Vorurteil ist wie alle Vorurteile in seiner vermeintlichen Allgemeingültigkeit falsch. Doch auch dieses Vorurteil hat einen wahren Kern: Viele Araber verweigern die Sprache ihrer neuen Heimat. Aber wie gültig ist das Urteil, sie wären deshalb faul? Jedem und jeder muss klar sein, um was für einen schwierigen und langen Prozess es sich beim Lernen einer europäischen Sprache für Araber handelt. Und zu wenig erkennen wir und zu wenig wird uns klargemacht, dass wir die deutsche Sprache in erster Linie für uns selbst lernen – um uns auszudrücken und um mitzuteilen, wer wir sind.

Das Bewusstsein, wie wichtig die Landessprache für Zugewanderte ist, müssen wir stärker fördern. Zurzeit reicht es für viele, wenn sie die einfachsten Dinge des Alltags auf Deutsch bewältigen können. Doch es muss weit über das hinausgehen: Wir müssen uns eine Identität in unserer neuen Sprache aufbauen. Das bedeutet nicht, das Arabische zu vergessen oder zu verlernen. Im besten Fall bedeutet es, sich selbst, seine Begriffe und seine Welt zu erweitern.

Gewalt kann eine Gesellschaft zerstören. Sprache kann sie verändern. Nur wenn wir laut an der Diskussion teilnehmen, können wir unsere Bedürfnisse, Probleme und Wünsche artikulieren.

Das Kopftuch: Frauen tragen es, Männer reden darüber

Das Weltverständnis des Islam und der arabischen Kultur ist frauenfeindlich. Kein Vorurteil gegenüber dem Islam und der arabischen Gesellschaft ist so verbreitet. Tatsächlich haben Frauen in der arabischen Kultur weniger Möglichkeiten und ihre Freiheit ist begrenzter als die der Männer. Auch wenn das nicht die einzige Wahrheit ist.

Die Augen sind der Spiegel der Seele. Das ist ein verbreitetes Sprichwort, das es in der einen oder anderen Form in jedem Kulturraum gibt. Begegnet uns also ein Mensch, von dem wir nichts anderes sehen können als seine Augen, legt er uns nichts anderes als seine Seele offen. Damit jedoch können wir oft nicht umgehen. Ganz im Gegenteil.

Begegnen wir einem Menschen, von dem wir nichts anderes sehen können als seine Augen, müssen wir davon ausgehen, dass er etwas versteckt und etwas verheimlicht. Warum sonst sollte sich ein Mensch in einer offenen Welt so verschließen? Die Angst, dass dieser Mensch etwas versteckt, das uns gefährden und verletzen könnte, ist offenbar so groß, dass die europäische Politik seit einiger Zeit versucht, eine solche Begegnung strafbar zu machen. Will ich der Welt nichts anderes zeigen als meine Augen, diesen Spiegel der Seele, mache ich mich eventuell sogar strafbar. Jedenfalls kann ich mit verletzenden Sprüchen oder Blicken rechnen.

Wir sind heute an Seelen nicht mehr interessiert. Was die Menschen interessiert, sind Namen, Hautfarbe, Geburtsort. Wir leben in einer Welt, die den Blick nach innen zunehmend verlernt, während sie sich umso fester an das Außen klammert, an das, was wir leicht sehen und kategorisieren können. Etwas, das uns umgibt wie ein Stück Stoff.

Das Kopftuch ist für viele Europäer das Symbol für die Unterdrückung der Frau im Islam. Die undifferenzierte Betrachtung fängt dabei schon bei der Bezeichnung an: Meist wird mit Kopftuch alles in einen Topf geworfen und sowohl der Hidschab gemeint, der den Kopf verschleiert, als auch die Burka, die den ganzen Körper bedeckt.

Dass nicht jede muslimische Frau, die ein Kopftuch trägt, das aus Zwang tut, sondern viele es mit Stolz und aus tiefer Religiosität tun, ist noch immer nicht bei jedem Europäer angekommen.

Ich habe bisher vor allem über die Probleme junger arabischer Männer geschrieben, die nach Europa kommen und sich hier zurechtfinden müssen. Das liegt ganz einfach daran, dass ich selbst ein junger arabischer Mann bin und diese Probleme daher selbst erfahren habe. Doch ich habe auch viel Kontakt zu Frauen in der arabischen Community, treffe sie bei Lesungen und in Workshops, ich sehe die Kämpfe, die sie täglich ausfechten müssen, und die schwere Last, die sie als muslimische Frau in Europa tragen müssen.

Die Wahrheit ist: Im Vergleich zu einer Frau hat es der Mann in allen Lebensbereichen einfacher. Das gilt für die arabische Welt genauso wie für die europäische und auch die restliche Welt.

Die Kopftuchdebatte ist ein Problem, das Männer sowie Frauen betrifft. Frauen leiden darunter, doch Männer sind es, die das Problem überhaupt erst schaffen.

In den vorangegangenen Kapiteln habe ich zu mehr Mut aufgefordert, weil es für einen arabischen Mann leichter ist, mutig zu sein. Er steht zwar auch unter Druck, seiner Familie Ehre zu machen, doch ihm wird viel mehr verziehen.

Viele junge Araber gehen aus, treffen sich mit europäischen Frauen, trinken und tun noch viele andere Sachen, die eigentlich haram sind. Das führt zu der Zerrissenheit, die ich beschrieben habe. Doch es gibt einen Rahmen, in dem das toleriert wird. »Der Junge muss sich ausleben«, denkt sich etwa der Vater. Solange er am Ende eine gute Frau heiratet und ein ehrenhaftes Leben führt, werden ihm seine »Jugendsünden« verziehen.

Dieses Phänomen ist kulturübergreifend. Ein junger Mann, der mit vielen Frauen schläft, ist ein »Frauenheld« und gilt als starker Mann. Eine Frau, die wechselnde Partner hat, bekommt dafür selten solche ermutigenden Worte zu hören.

Frauen haben weniger Platz, etwas auszuprobieren und sich selbst zu verwirklichen. In der arabischen Welt ist ihr Lebensweg oft von Anfang an festgelegt. Jede kleine Abweichung davon kann dazu führen, dass sie von der Familie verstoßen oder der Community abgelehnt wird.

Nachdem ich mein erstes Buch *Danke!* veröffentlicht hatte, bekam ich viele Anfragen von Menschen aus der arabischen Community. Manche baten mich, ihre Anliegen an die Öffentlichkeit zu bringen. Andere fragten mich, ob ich ihnen helfen könnte, sich in diesem neuen Land zurechtzufinden. Über *Facebook* erreichte mich so die Nachricht einer Bekannten. Sie erzählte mir von einer Frau aus Syrien, nennen wir sie Aischa, die zusammen mit ihrem Mann und ihren Kindern nach Österreich gekommen war und Arbeit suchte. Sie hatte in Syrien Architektur studiert. Um die Familie zu ernähren, war es nötig, dass auch Aischa arbeiten ging. Ich kannte tatsächlich jemanden, der in einem Architekturbüro arbeitete. Die junge Frau bekam ein Vorstellungsgespräch und überzeugte sofort. Aischa war sympathisch, kompetent und motiviert.

Während der Recherchen zu diesem Buch erinnerte ich mich an sie und bat sie, mir ein Interview zu geben. Ich wollte wissen, wie sich ihr Leben in Österreich seitdem entwickelt hatte.

Als ich Aischa traf, machte sie einen sehr selbstbewussten und lebensfrohen Eindruck auf mich.

»Wie geht es der Familie?«, war meine erste Frage.

»Gut«, sagte sie lächelnd. »Den Kindern geht es gut.«

»Und deinem Mann?«, fragte ich.

Sie zuckte nur mit den Schultern. »Das weiß ich nicht. Wir sind seit einem Jahr geschieden.«

Aischa erzählte mir, dass sie jung geheiratet hatte. Sie selbst hatte schon seit zehn Jahren Probleme in der Ehe, bevor sie sich entschloss, den entscheidenden Schritt zu tun.

»In Syrien wäre das nicht möglich gewesen«, sagte sie. »Die Familie hätte mit meiner Schande nicht leben können. Eine Frau, die sich scheiden lässt, ist eine schlechte Frau.«

In Syrien gibt es keine größere Schande als die einer geschiedenen Frau, die ins Haus ihres Vaters zurückkehren muss. Sie ist weder Ehefrau noch Jungfrau, sie wird streng kontrolliert und hat ihre Ehre sowie ihren Status verloren. Sie erhält die Funktion, ihren Brüdern und dem Vater zu dienen. Um dieser Schande zu entgehen, ertragen Frauen in ihrer Ehe vieles, selbst die Gewalt ihres Mannes. Denn solange sie noch Ehefrau sind, haben sie zumindest eine soziale Stellung. Sie sind unglücklich, doch sie haben keine Chance, diesem Unglück zu entkommen.

Doch hier in Österreich hatte sie ein anderes Leben kennengelernt.

»Es war ein Glück, dass ich arbeiten musste, um Geld zu verdienen«, erzählte sie. »Sonst hätte ich vermutlich nie österreichische Freunde gefunden.« Denn ihr Mann hatte kein Interesse daran, Österreicherinnen oder Österreicher kennenzulernen. Ohne Aischas Bemühungen hätten sich die Kinder um Deutsch wenig gekümmert.

Sie lebten in zwei verschiedenen Welten. Aischas Mann besuchte wöchentlich die Moschee, wo öfters ein Imam aus Ägypten predigte, der erklärte, der Mann müsse für alles bezahlen, denn die Frau sollte über gar kein Geld verfügen können. Er warnte die Gläubigen davor, dass Musliminnen, die sich zu sehr auf den europäischen Lebensstil einlassen, die Gesetze dieser Länder ausnutzen könnten. »Dann nehmen sie euch die Kinder weg und machen euch zu einsamen Männern«, erzählte er ihnen.

Aischa war genau in diesen europäischen Lebensstil eingetaucht. Bei ihrer Arbeit traf sie vor allem auf andere junge Frauen, die interessiert und offen mit ihr über verschiedene Themen diskutierten. Auch über Sexualität, Religion und Politik – Gesprächsthemen, die Aischa zu Hause nie angesprochen hätte. Sie erkannte, dass sie die Möglichkeit hatte, ihr Leben zu verändern. Sie hatte einen Job, der sie finanziell absicherte, und es gab ein Gesetz, das ihre Rechte anerkannte. Noch dazu hatte sie neue Freundinnen gefunden, die sie in ihrer Entscheidung unterstützten.

»Also habe ich eines Tages das Abendessen zubereitet«, erzählte sie mir mit leiser, fester Stimme, doch schwerer Ernst lag in ihren blauen Augen, »und meinem Mann nach dem Essen gesagt, dass ich ihn verlassen werde.«

»Warum?«, hatte er völlig verdutzt gefragt.

»Weil ich mein Leben leben möchte«, hatte Aischa geantwortet.

Dafür hatten weder ihr Mann noch die gemeinsamen Bekannten Verständnis. Ihr Leben leben? Was sollte das denn heißen? Er konnte ein Lachen nicht unterdrücken, als er das hörte. Sie hatte doch ein Leben! Sie hatte drei Kinder und einen Mann. Was konnte sie mehr vom Leben wollen?

»Die ersten Wochen nach der Trennung waren schrecklich«, sagte Aischa. »Ich bin mit den Kindern zu einer Freundin gezogen. Doch jeden Tag klingelte es an der Tür und Männer aus der Community standen vor der Tür – Freunde meines Mannes, aber auch Fremde. Jeder Einzelne versuchte, mich zu überzeugen, was für einen Fehler ich machen würde. ›Jetzt nimmt er dich noch zurück‹, haben sie mir gesagt. ›Du kannst deine Ehre noch retten.‹« Sie lachte bitter. »Als die Männer alle durch waren, kamen ihre Ehefrauen.«

In Syrien gibt es ein Sprichwort: »Der größte Feind einer Frau ist eine Frau.« Wahrscheinlich hat sich das irgendein alter Mann ausgedacht, aber tatsächlich kann ein großer Druck unter den Frauen einer Community entstehen. Aus Angst, selbst in ein schlechtes Licht zu geraten, brachen die Frauen aus Aischas Community den Kontakt zu ihr völlig ab, als Aischa sich weigerte, ihre Meinung zu ändern. Frauen, mit denen Aischa wenige Monate zuvor noch gemeinsam Abendessen gekocht und sich um ihre Kinder gekümmert hatte, blockierten sie jetzt und wechselten kein Wort mehr mit ihr. Von Solidarität keine Spur. Sie galt als »Schlampe« und, noch schlimmer, als »Europäerin« – als jemand, der die eigene Kultur wie ein Kleidungsstück »ausgezogen« hatte und nun nackt war.

Die Ehe ist für Europäer Privatsache. Sie geben selbst ihren besten Freunden nur selten Ratschläge, wie sie ihre Ehe führen sollen, oder erlauben sich, ihre Entscheidungen zu kritisieren. Doch in der arabischen Community ist eine Ehe, vor allem wenn sie in die Brüche geht, plötzlich eine Angelegenheit für die ganze Gemeinschaft. Die Versuche, zwischen den streitenden Eheleuten zu vermitteln, sind oftmals sogar gut gemeint. Trotzdem sind sie eine Einmischung in das Privatleben von Individuen. Und meistens ergreifen die Vermittler die Partei des Mannes.

Als Aischa schon dachte, es sei endlich vorbei, kam ein letzter, verzweifelter Versuch ihres Exmanns, sie zurückzugewinnen.

»Er schrieb mir, dass ich in Syrien eine so tolle Frau gewesen war und dass mich Österreich verdorben hat«, erzählte sie.

Ich konnte hören, dass sie fast genug Abstand gewonnen hatte, um dem Gesagten einen ironischen Unterton zu geben. Doch in ihrem Blick lag das Wissen darum, wie viele andere Frauen dasselbe durchmachen mussten – oder Schlimmeres. Und plötzlich war die Ironie weg und es blieb tiefes Bedauern.

»Ich habe dich hergebracht, also kann ich dich auch zurückschicken«, hatte er ihr angedroht.

»Dabei hat er nicht verstanden, dass es mir in Syrien schon genauso gegangen ist. Ich habe einfach nicht die Möglichkeit gehabt, etwas zu ändern.«

Doch Aischa ließ sich nicht einschüchtern. Sie wusste, dass er nicht die Macht hatte, sie wieder zurückzuschicken. In ihrer Arbeit wurde sie unterstützt, sie war mittlerweile befördert worden, konnte in eine eigene Wohnung ziehen und hatte genug Menschen um sich, auf die sie sich verlassen konnte. Sie lebte mittlerweile ihr eigenes Leben.

»Und was sagt deine Familie in Syrien dazu?«, fragte ich sie am Schluss des Gesprächs.

»Sie war nicht glücklich. Zunächst versuchten auch meine Verwandten, mich zu überreden, es doch noch einmal zu versuchen. Aber irgendwann haben sie aufgegeben.«

Aischa ist eine starke Persönlichkeit, die sich nicht einschüchtern lässt und ihren Weg geht.

»Aber auch ich habe meine Grenzen«, sagte sie. »Eigentlich wollte ich mein Kopftuch ablegen. Ich bin eine gläubige Muslimin, aber ich finde, das kann ich auch ohne Kopftuch sein. Doch dann dachte ich daran, was passieren würde, wenn mich meine Mutter auf irgendeinem Foto ohne Kopftuch sehen würde, auf *Facebook* zum Beispiel. Das Kopftuch ist das Einzige, was uns noch verbindet.« Zum ersten Mal wurde ihre Stimme brüchig, ihr Blick verlor sich. »Meine Mutter ist zwar nicht glücklich über meine Entscheidungen, aber zumindest sprechen wir noch. Wir werden uns wieder versöhnen. Darauf hoffe ich. Aber dafür muss ich Kompromisse eingehen.«

Nach unserem Gespräch dachte ich noch lange über Aischa nach. Was, wenn sie sich leichter hätte einschüchtern lassen? Wenn sie keinen Job gefunden hätte, der sie finanziell absicherte? Oder keine Freundinnen, die sie unterstützten? Wie viele Frauen wie Aischa gibt es, die nicht »ihr Leben leben« können?

So wäre es fast einer anderen mutigen, starken Frau gegangen. Lale Gül wurde in den Niederlanden geboren und war auch dort aufgewachsen, ehe ein Buch alles veränderte. In einem Interview mit der Jugendzeitschrift »biber« erzählte sie, die aus einer türkischen Familie kommt: »Ich durfte keine Serien schauen, in denen sich Menschen küssen. Ich durfte nicht ausgehen. Ich durfte mich nicht wie andere Mädchen an meiner Schule schminken oder meine Nägel lackieren. Aber was mich an all diesen Regeln am meisten gestört hat, war, dass ich mich nicht verlieben durfte, in wen ich wollte.«

Da ist sie wieder, die Liebe. Sie steht am Ende einer langen Kette von Verboten und Vorschriften und ist doch der Anfang unseres Glücks.

Es ist interessant, zu sehen, welche Kommentare auf dieses Interview auf Social Media zu lesen waren. Einige meinten, sie würde bloß »Weiße« in ihrem Rassismus und ihrer Islamfeindlichkeit bestärken. Mit solchen Aussagen würde sie sicherlich der Liebling aller Medien werden und als Muslimin auftreten dürfen, die ihre eigene Kultur ablehnt. Dafür würde es viel Applaus von den Europäern geben, die ohnehin schon immer wussten, dass der Islam eine rückständige Religion ist.

Lale Gül beschrieb eine Situation, die sie besonders verletzt hatte. Eines Tages sagte ihre Mutter zu ihr, sie hätte lieber einen Stein geboren als eine Tochter, die auf eine solche Weise lebt. Auch hier waren die Kommentare sofort auf der Seite der Mutter: Es handle sich um ein ganz gewöhnliches Sprichwort, das in türkischen Familien hundert Mal gebraucht werde. Es so aus dem Kontext zu reißen, sei nichts anderes als der Versuch, den Islam und die türkische Kultur schlecht dastehen zu lassen und europäische Klischees zu bestätigen.

Ich finde es zunächst einmal interessant, wie persönliche Gefühle sofort relativiert und reduziert werden. Offenbar wissen solche Kommentatoren besser, wie sich Lale Gül zu fühlen hat, als sie selbst. Hat sie kein Recht darauf, von ihrem Schmerz zu erzählen, wenn sie ihn denn als solchen empfunden hat? Darf sie nur davon erzählen, wenn dieser Schmerz aus Rassismus entstanden ist, der ihr von Europäern zugefügt wurde?

Selbstverständlich ist das, was Lale Gül erlebt hat, nicht das, was in jedem arabischen oder türkischen Haushalt die Normalität ist. Genauso wenig wie jeder Österreicher ein Nazi oder Rassist ist. Aber die arabische Kultur tut sich in vielen Fällen noch schwer, wenn es um die Rechte der Frau geht. Für Frauen gelten einfach andere Gesetze als für Männer. Sie sind strenger und härter.

Lale Gül hat darüber ein Buch geschrieben. Nach der Veröffentlichung musste sie umziehen und vermeidet seitdem öffentliche Verkehrsmittel. Sie musste mit ihrem alten Leben brechen. Und das alles, weil sie ein Buch über ihre Gefühle und Empfindungen geschrieben hat.

Wie erwähnt kam die Kritik an ihrer Geschichte nicht nur von radikalen Islamisten. Auch progressive Muslime meinten, sie würde damit rechte Politik stärken und »weißen Rassismus« bedienen. Besonders Männer verschließen gerne die Augen vor den Problemen der Frauen in der arabischen Community und wehren jegliche Kritik mit dem Vorwurf ab, es handle sich um westlichen Rassismus. Ist es denn rassistisch, mehr Freiheit für Frauen einzufordern?

Dabei sei gesagt, dass die Haltung vieler Europäer zum Islam nicht gerade dabei hilft, Frauen zu stärken und zu unterstützen. Noch viel zu oft gilt die Ansicht, dass eine Muslimin orthodox und rückständig ist, wenn sie ein Kopftuch trägt. Erst wenn sie es ablegt, wird sie von Europäern als starke Frau wahrgenommen.

Ich habe in Syrien neben Frauen mit Kopftüchern auf der Straße gesungen, bin mit ihnen vor den Gewehrkugeln der Assad-Soldaten geflohen, habe gesehen, wie der Schmutz und das Blut der Rebellion ihre Hidschabs färbten. Und wenn diese Frauen schließlich nach einer gefährlichen Flucht in Europa ankommen, können sie sich von selbst ernannten Feministinnen anhören, dass es rückständig ist, ein Kopftuch zu tragen. Gleichzeitig wird eine Frau innerhalb der arabischen Community kritisiert, wenn sie das Kopftuch nicht trägt oder ablegt. Sie gilt dann als nicht fromm und »westlich«.

Egal wie sie sich verhält, es ist falsch. Dabei kann eine Muslimin tiefgläubig sein und sich gleichzeitig gegen das Tragen eines Kopftuchs entscheiden. Denn wer maßt sich an, in ihr Herz sehen zu können, wo der Glaube sitzt? Wer hört ihre Gebete, wer führt Protokoll über die Liebe, die sie schenkt? Sicher keiner der Männer, die ihr vorwerfen, sie sei »vom rechten Weg« abgekommen. Gleichzeitig kann eine Muslimin progressiv und modern sein und trotzdem einen Hidschab oder auch eine Burka tragen. Es gibt viele Gründe, das zu tun: Sie kann damit gegen den Körperkult protestieren, der die Frau auf ein Schönheitsobjekt reduziert. Sie kann so eine Verbindung zu der Kultur ihrer Heimat wahren. Und es kann für sie Ausdruck einer tiefen Religiosität sein.

Ganz egal, aus welchem Grund sich eine Frau dazu entscheidet, ein Kopftuch zu tragen oder es abzulegen: Männer, egal ob Europäer oder Araber, müssen aufhören, darüber zu urteilen. Das Einzige, was wirklich zählt, ist, dass es eine freie Entscheidung ist. Wir müssen in unserer Gesellschaft Platz für eine solche freie Entscheidung schaffen. Es geht, wie so oft, um Akzeptanz. Akzeptanz bedeutet nicht, das zu unterstützen, was wir sowieso für richtig halten. Es bedeutet, einem Menschen die Freiheit zu lassen, sich für etwas zu entscheiden, auch wenn wir es für falsch halten. Solange diese Entscheidung unser eigenes Leben, unsere Sicherheit oder unser Wohlbefinden nicht gefährdet.

An dieser Stelle muss ich die europäische Sicht der Dinge kritisieren: Jener Kontinent, der so stolz ist auf seine Aufklärung, ist plötzlich das »christliche Abendland«, das vom Islam bedroht sein soll. Dabei war es die wichtigste Errungenschaft der Aufklärung, Religion dem Individuum zu überlassen und den Staat als säkular zu verstehen! Heute aber behaupten führende Politiker einerseits, dass europäische Werte demokratisch, humanistisch und »fortschrittlich« sind, während die Burka verboten und das Kreuz in den Klassenzimmern bewahrt werden muss.

Der Verfassungsgerichtshof hat 2020 anerkannt, dass es zutiefst undemokratisch ist, eine Religion der anderen vorzuziehen. Entweder man verbietet alle religiösen Symbole oder keine.

Zudem ist Österreich das einzige Land in Europa, in dem mehr Frauen ermordet werden als Männer. Monatlich stirbt eine Frau durch die Hand eines Mannes. Meist ist es die letzte und primitivste aller Möglichkeiten für Männer, ihre Stärke zu zeigen. Und das trifft auf österreichische Männer genauso zu wie auf Männer mit Migrationshintergrund. Die arabische Community hat Probleme im

Umgang mit Frauen. Doch Gewalt gegen Frauen ist genauso ein tief verwurzeltes Problem in der österreichischen Gesellschaft.

Es gibt ein arabisches Sprichwort, das sagt: »Zwei lernen nicht: der Schüchterne und der Stolze.« Europäer glauben oft, sie stünden am Gipfel der Zivilisation, und ignorieren dabei die Widersprüche, in denen sie leben. Sie übersehen, dass ein Blick von außen, von Menschen, die aus einer anderen Kultur hierherkommen, wichtige Erkenntnisse und Erfahrungen bringen könnte. Nur die wenigsten Europäer sind bereit, einzugestehen, dass sie auch etwas anderes als die Zubereitung von Falafeln von der arabischen Kultur lernen können.

Arabische Frauen können es also niemandem recht machen. Jede Seite versucht, sie zu vereinnahmen oder zu instrumentalisieren. Viel zu selten wird ihnen die Bühne überlassen. Und wenn eine arabische Frau endlich die Möglichkeit bekommt, gehört zu werden, wird von ihr erwartet, bloß nicht anzuecken.

Ein gutes Beispiel für eine Frau, die sich für einen gerechteren Islam einsetzt, ist Fatma Akay-Türker. Sie war die Frauenbeauftragte in der Islamischen Glaubensgemeinschaft in Österreich (IGGÖ), so etwas wie ein Dachverband für muslimische Strömungen in Österreich. Sie versuchte dort, zu zeigen, dass der Koran durchaus mit Geschlechtergerechtigkeit vereinbar ist. Auch für eine stärkere Repräsentation von Frauen setzte sie sich ein. Doch ihr wurde kaum Gehör geschenkt, Diskussionsbereitschaft war keine da. Es schien, als sollte sie vor allem für eine gute Außendarstellung der *IGGÖ* sorgen und die Kritiker beruhigen, die bemängeln, es gäbe zu wenig Frauen.

Institutionen wie die *IGGÖ* haben viel Einfluss und sind wichtig, weil sie den innermuslimischen Dialog fördern können. Doch gerade deswegen ist es notwendig, dass sich so eine Institution zu Werten wie Gleichberechtigung bekennt. Sie nicht nur behauptet, sondern auch lebt.

Wir müssen uns entscheiden, was für ein Beispiel wir für die unzähligen Jungen und Mädchen sein wollen, die, so wie ich damals in Syrien, nach ihrer Identität suchen. Diese jungen Menschen sind klüger, als wir ihnen oft zugestehen. Sie wissen, was sie wollen. Doch umso größer ist ihre Zerrissenheit, wenn das, was sie fühlen oder wollen, als haram gilt und abgelehnt wird. Wie können wir von den Europäern verlangen, unsere Lebensweise zu akzeptieren, wenn wir genau das innerhalb der arabischen Community oft nicht schaffen?

Die Frau wird in der arabischen Welt noch zu oft über den Mann definiert. Will man einer Frau ein Kompliment machen, sagt man etwa: »Die ist des Bruders Schwester!« Damit will man ausdrücken, dass sie eine gute Schwester ist, also eine gute Frau. Denn die arabische Frau wird zu oft auf ihre Funktion innerhalb der Familie reduziert: Mutter, Tochter, Schwester. Immer in Verbindung zu ihrem Ehemann, ihrem Bruder, ihrem Sohn.

Mutter zu sein oder Schwester oder auch Tochter, sind wichtige Aufgaben, die mit Pflichten und Verantwortung verbunden sind. Das ist gut so. Eine Tochter hat gewisse Pflichten gegenüber ihren Eltern, die für sie sorgen. Aber wie ich zuvor schon geschrieben habe, gehört sie nicht ihren Eltern. Eine Frau kann Mutter, Schwester und Tochter sein und gleichzeitig kann sie noch hundert andere Eigenschaften haben. Sie kann ihre eigenen Interessen und Hobbys entwickeln, sie muss sich selbst entdecken und kennenlernen.

Zu oft wird die Familie als Druckmittel gebraucht. So wie die gesammelte Verwandtschaft meines alten Schulfreunds ihn drängte, sich von seiner argentinischen Freundin, die für sie eine »Fremde« war, zu trennen, ergeht es vielen arabischen Mädchen. Tun sie etwas, das nicht akzeptiert wird, bekommt die Mutter bald darauf zu hören: »Wie konntest du das zulassen?« Sie wird beschuldigt, ihre Tochter nicht richtig erzogen zu haben. Dass die Tochter einen eigenen Willen hat, sich über die Erziehung der Mutter sogar hinwegsetzen kann, daran wird gar nicht gedacht.

Die schrecklichsten Folgen dieser Logik sind Ehrenmorde. In Europa kommen sie zum Glück nur sehr selten vor, doch sie dürfen eigentlich gar nicht mehr vorkommen. Brüder töten ihre Schwestern mit der Begründung, sie so vor weiterer Schande zu bewahren. Das Leben einer Frau ist damit davon abhängig, wie Männer es beurteilen. Als freier Mensch jedoch gehöre ich niemandem, nicht meinem Bruder, meinem Vater oder meiner Mutter.

Wir müssen aufhören, mit Angst und Vorwürfen andere Menschen zu einer Lebensweise zu zwingen, die wir als richtig erachten. Das Argument, dass sie uns später dankbar sein werden, dass sie einfach noch nicht erkennen können, was gut für sie ist, funktioniert nicht, wenn es um tiefe persönliche Entscheidungen geht. Wir müssen Menschen in der arabischen Community, vor allem junge Frauen, viel mehr dazu ermutigen, eigene, freie Entscheidungen zu treffen. Wir müssen ihnen einen Raum eröffnen, in dem sie sich ohne Angst für oder gegen das Kopftuch entscheiden können, für oder gegen die Liebe eines Mannes, für oder gegen das Leben als Hausfrau, Mutter, Ärztin, Anwältin, eine Kombination daraus oder etwas völlig anderes.

Wenn wir einen Menschen wirklich lieben, dann akzeptieren wir seine Entscheidungen. Tun wir das nicht oder sind wir wütend darüber, dass diese Person etwas anderes wählt, als wir für sie vorgesehen haben, dann lieben wir in Wahrheit nur uns selbst. Dann wollen wir unsere Vorstellungen dieser anderen Person aufzwingen.

Die Freiheit der Frau ist untrennbar mit unserem Umgang mit Traditionen verbunden. Denn oft werden Traditionen als Ausrede benutzt, um Musliminnen zu unterdrücken. Dabei werden diese Traditionen meist von Männern formuliert und von ihnen durchgesetzt. Doch wer zu lange auf Traditionen starrt, verlernt, ins Herz der Menschen zu blicken. Und nur dort zeigt sich, wer wirklich gläubig und gut ist. An äußeren Merkmalen wie dem Kopftuch ist das nicht zu erkennen. Ob ich als Araber eine Europäerin liebe oder eine Araberin, ob sie Christin ist oder Muslimin, ist nicht entscheidend. Entscheidend ist, dass diese Liebe aus dem Herzen kommt.

Es gibt eine schöne Anekdote über den Sufi Rumi, der heute vor allem für seine Liebesgedichte und als Begründer der tanzenden Derwische bekannt ist. Bevor er zum Sufi-Mystiker wurde, war er ein angesehener Gelehrter. In

Konya, einer Stadt in der heutigen Türkei, suchten ihn die Menschen auf, wenn sie Fragen zum Koran hatten oder Ratschläge bei schwierigen Entscheidungen brauchten. Als er den Wanderprediger Schams Tabrizi kennenlernte, wandelte sich Rumi jedoch. Tabrizi war ein weiser, aber wilder Mann, der fern von gesellschaftlichen Konventionen lebte. Er erkannte keine weltlichen Herrscher an, sondern nur Gott. Durch ihn lernte Rumi, dass wir nicht durch das Befolgen von Traditionen zu Gott finden, sondern vielmehr durch die Arbeit unseres Herzens.

Die Anekdote handelt davon, wie Rumi eines Tages in ein Wirtshaus ging. Alkohol ist Muslimen streng untersagt und gilt als haram. Als Gelehrter hatte sich Rumi sein Leben lang strikt daran gehalten. Konya stand damals unter der Herrschaft der Seldschuken. Wie in vielen islamischen Reichen herrschte auch unter ihnen meist ein relativ liberales Verhältnis zu Christen und Juden, jedenfalls gemäßigter, als das in christlichen Reichen unter umgekehrten Vorzeichen der Fall war. So waren Wirtshäuser erlaubt, solange ein Christ sie führte. Muslime waren dann seine Gäste und was sie dort tranken, wurde nicht so genau überwacht. Eine sehr österreichische Lösung, könnte man sagen.

Als die Bürger Konyas hörten, dass ihr geschätzter Maulana (arabisch für Meister) in einer Schenke saß, reagierten sie entsetzt. Der ehrenwerte Rumi in einer Spelunke! Was war nur in ihn gefahren?

Rumi ging es darum, ein Zeichen zu setzen. Auch ein gläubiger und ehrenhafter Mann kann sich in einem Wirtshaus finden. Und der bloße Verzicht auf Alkohol macht uns noch nicht zu guten Menschen.

Die Anekdote endet damit, dass Rumi letztlich den Alkohol ablehnt. Denn als er vor den Weinkrügen saß, erkannte er, dass es seinem innersten Wesen entsprach, sich vom Alkohol fernzuhalten. Doch für diese Erkenntnis hatte er einen Ort betreten müssen, dem er sonst immer aus dem Weg gegangen war. Erst dort hatte er erkannt, dass er die Tradition des Alkoholverbots nicht aus blindem Gehorsam, sondern aus innerem Wunsch befolgte. Gleichzeitig verstand er auch, dass nicht jeder Mensch diesen inneren Drang verspürte. Das machte ihn jedoch nicht schlechter.

Traditionen sind ein wichtiger Teil unserer Kultur und Identität. Mit ihnen können wir ein Stück unserer Heimat mitnehmen, wohin auch immer wir gehen. Wir können uns zu ihnen flüchten, wenn wir nicht weiterwissen, und uns hinter ihnen verstecken, wenn uns die Welt kompliziert, fremd und bedrohlich erscheint. Aber die Geschichte von Rumi zeigt, ob sie nun stimmt oder nicht, dass wir Traditionen hinterfragen müssen. Ob es um Alkohol oder das Kopftuch geht, um die Frage, wen wir lieben dürfen oder wie wir unsere Kinder erziehen müssen. Folgen wir Traditionen blind, so wird das unweigerlich zu inneren Konflikten führen, zu Zerrissenheit. Wir werden uns ständig schuldig fühlen. Wir werden nicht frei sein und auch nicht glücklich. Vor allem aber werden wir andere Menschen von dieser Freiheit und diesem Glück fernhalten.

Eine Geschichte über
fünf Freunde

Der Islam ist vielschichtig. Es existieren zahlreiche Strömungen wie Schiiten, Sunniten, Aleviten und Sufis, die sich auf kulturelle Gruppen wie etwa Araber, Kurden und Türken aufteilen. Doch oftmals gibt es erbitterte Konflikte zwischen ihnen. Es herrscht ein Hass, der Generationen zurückreicht. Dieser Hass ist der Nährboden für Gewalt und Radikalisierung. Das ist die eine Seite der Wahrheit, die das Vorurteil nährt, Araber seien radikal. Die andere Seite besteht darin, dass Europa genau dazu viel beiträgt.

Als ich in Damaskus studierte, hatte ich vier Freunde. Ich hatte selbstverständlich noch mehr Freunde, aber mit diesen vier war ich besonders eng befreundet. Sufyan, Ali, Khaled und Hussain waren ihre Namen. Wir lernten nicht nur gemeinsam, sondern zogen durch die engen, verwinkelten damaszenischen Gassen. Wir schlenderten unter dem großen Dach des Suk al-Hamidiya hindurch, wenn das einfallende Licht der Nachmittagssonne bunte Farben in alle Richtungen warf. Bei Bakdash, einer Eisdiele, die in Damaskus jeder kennt, aßen wir an heißen Sommertagen Pistazieneis. Wir tranken starken Kaffee an Nachmittagen, die sich in die Weite zogen wie die syrischen Sonnenstrahlen, und rauchten Shisha in einem der zahlreichen Cafés in Bab Tuma, dem christlichen Viertel, in dem viele ausländische Studierende lebten. Und wenn die Sonne unterging, saßen wir oft auf dem Dschabal Qasiyun, dem Hausberg von Damaskus, und sahen dabei zu, wie das Licht des Tages langsam von den Tausenden Lichtern der Stadt verdrängt wurde, unter denen unser Damaskus plötzlich völlig neue und ungekannte Formen annahm.

Am Freitag besuchten wir mit vielen anderen Menschen die große Umayyaden-Moschee. Sie ist eine der ältesten Moscheen der Welt, auch bei Touristen sehr beliebt und das Wahrzeichen von Damaskus. Ursprünglich war sie eine Kirche und ihre Form erinnert an eine christliche Basilika. Eines der Minarette heißt »Jesusminarett«, weil Jesus auch für den Islam eine wichtige Figur ist. Die ganze Moschee ist mit farbigen Mosaiken verziert. Vor allem die weitläufigen Arkadengänge sind mit Symbolen des Paradieses versehen. Wenn ich durch sie wandelte, kam es mir vor, als würde ein Farbenrausch mich weit forttragen, an einen Ort, den sonst nur meine Gebete erreichten.

Dieser beeindruckende Ort schuf ein Gefühl der Gemeinsamkeit. Die Moschee trug Spuren aller Religionen, die in Syrien aufeinandertrafen: Der Kopf von Johannes dem Täufer soll hier begraben worden sein genauso wie von Hussain, dem Enkel des Propheten, zu dem vor allem Schiiten pilgern.

Wenn ich mit meinen Freunden auf dem großen Vorplatz der Moschee saß und wir über das Studium sprachen, über Mädchen, Probleme mit den Eltern oder in der Arbeit, dann merkte ich nichts von der großen Last, die mit dem Bau dieser Moschee verbunden war. Eine Last, die viele Jahrhunderte zurückreichte und unser Leben begleitete wie der Zitronenduft der Damaszener Innenhöfe, der im Frühling die Gassen der Medina erfüllte. Es war eine Last, die dicht über uns lauerte, doch solange sie uns nicht berührte, konnten wir so tun, als wäre sie nicht da. Doch als sie schließlich fiel, erdrückte sie uns.

Die Geschichte dieser Last liegt lange zurück. Als der Prophet Mohammed (gläubige Muslime fügen bei der Erwähnung seines Namens stets ein »Der Friede sei mit ihm« hinzu) 632 n. Chr. bzw. elf Jahre nach der Hidschra, also seiner Auswanderung von Mekka nach Medina, ebendort starb, war der Islam noch auf das Gebiet der Arabischen Halbinsel beschränkt. In den nächsten Jahren sollte sich das verändern.

Die Kalifen, also die Führer der islamischen Gemeinde, die nach ihm kamen, machten den Islam zur Weltreligion. Sie eroberten jene Länder, die heute als Syrien, Iran, Irak und Ägypten bekannt sind. Plötzlich reichte der Islam von China bis nach Spanien und grenzte an das Byzantinische Reich.

Diese Expansion leiteten die ersten vier Nachfolger Mohammeds, auch die vier rechtgeleiteten Kalifen genannt. Kalifen sind die Führer der islamischen Gemeinde. Als »rechtgeleitet« werden sie bezeichnet, weil sie die gesamte muslimische Gemeinde unter sich vereinten. Das sollte nach ihnen niemandem mehr gelingen. Ihre Namen waren Abu Bakr, Umar (oder auch Omar, so wie ich), Uthman und Ali.

Als Kalif Ali, der Schwiegersohn des Propheten, die Führung übernahm, kam es zu einer Spaltung zwischen den Muslimen. Sein Kalifat stand von Anfang an unter keinem guten Stern, denn sein Vorgänger Uthman war ermordet worden. Eine Gruppe von Muslimen hielt Ali für den rechtmäßigen Anführer. Sie behaupteten, er sei von Mohammed mit der Führung der Muslime betraut worden. Die andere Gruppe meinte, er hätte die Ermordung Uthmans zu seinem Vorteil ausgenutzt. Dazu gehörte auch ein Verwandter Uthmans, Mu'awiya.

Es kam zu einem innerislamischen Krieg, Fitna genannt. Der Krieg wurde entschieden, als Ali durch ein Attentat ermordet wurde und Alis Sohn Hassan auf seinen Herrschaftsanspruch verzichtete. Mu'awiya übernahm die Kontrolle über das muslimische Reich. Seinen Sitz verlegte er in die Stadt seiner Familie, nach Damaskus, und gründete dort die Dynastie der Umayyaden. Unter dieser Herrschaft entstand die große Umayyaden-Moschee, in der meine Freunde und ich viele Freitage verbrachten und unter deren Torbögen wir Schutz vor der Sonne suchten.

Die Gemeinschaft der Muslime spaltete sich nach Alis Tod. Seine Anhänger werden als Schiiten bezeichnet (Schia bedeutet Partei, also Partei Alis), während die Mehrheit der Muslime zur Gruppe der Sunniten gehört (Sunna bedeutet auf Arabisch Tradition). Diese Spaltung dauert bis in unsere Gegenwart an. Diese Spaltung war der Grund für zahlreiche Konflikte und unzählige Tote. Dabei gab es immer wieder Phasen, in denen beide Gruppen friedlich nebeneinander leben konnten. Doch sobald es zwischen den Mächtigen zu Differenzen kam, instrumentalisierten sie die jeweilige islamische Gruppe, befeuerten den Hass und schufen so einen Boden für Gewalt. Noch heute tragen vor allem Saudi-Arabien und der Iran diese Konflikte in den Jemen, nach Pakistan, Syrien, in den Irak und den Libanon. Für viele Familien in Syrien spielte diese Trennung eine große Rolle. Deswegen erzählten wir fünf zu Hause nicht allzu viel über unsere Freunde. Denn Ali und Hussain waren Schiiten, während Sufyan, Khaled und ich zu den Sunniten gehörten. Wir lernten uns an der Universität kennen, wo solche Unterschiede verschwammen. Unsere Generation unterschied nicht mehr zwischen Schiiten und Sunniten. Sie versuchte, den Menschen dahinter zu sehen und ihn nicht anhand seines Glaubens, sondern seiner Handlungen zu beurteilen. Das dachten wir jedenfalls.

Jeden Sommer fuhren wir gemeinsam ans Meer. In der Nähe von Lattakia, wo ich BWL studierte, einem Ort an der syrischen Küste, wegen dem blauen Wasser auch »blaue Küste« genannt, mieteten wir uns ein Haus und verbrachten dort erholsame Wochen, fernab des Unistresses oder familiärer Verpflichtungen. Wir grillten Kebab und saßen unter dem sternenklaren Nachthimmel, bis uns die ersten Sonnenstrahlen in den Augen kitzelten. Wir schliefen lange, schwammen viel und zogen durch die Straßen der Stadt. Es waren Momente, an die ich mich auch heute, in Österreich, noch gerne erinnere. Nicht so sehr wegen dem warmen Sand unter meinen Füßen oder dem Rauschen des Windes in den Palmenblättern, sondern weil wir fünf alle zusammen waren, als Freunde.

An einem dieser Abende erzählte uns Ali, dass er sich schon ein paar Mal mit einem Mädchen getroffen hatte. Er hatte sie auf der Universität kennengelernt. Doch seinen

Eltern konnte er davon nichts erzählen. Wollte er die Beziehung nicht länger geheim halten, würde er um ihre Hand anhalten müssen. Das allerdings würden seine Eltern nicht erlauben. Denn das Mädchen war eine Sunnitin. Für seine Eltern war es unvorstellbar, dass ihr Sohn eine Ungläubige heiraten könnte. Voll Kummer erzählte er uns, wie sehr er sich wünschte, eine solche Woche weit weg von seiner Familie, die Tage gefüllt mit nichts anderem als jugendlicher Unbeschwertheit, auch einmal mit seiner Freundin verbringen zu können. Doch er wusste, dass es ihm verwehrt bleiben würde. Sie schrieben einander Briefe, die sie unbemerkt auf den Gängen der Universität oder in der Mensa austauschten, und gaben sich kleine Geschenke. So gaben sie dem anderen ein wenig von sich, schnitten sich in kleine Teile, die sie verschenkten, während sie vergeblich darauf warteten, dem anderen alles geben zu können.

Der Sommer ging zu Ende und der Herbst kam. Der Herbst ist die beste Jahreszeit in Syrien, denn die Tage sind angenehm warm und die kühle Abendluft erleichtert das Schlafen. Für Sufyan, Ali, Hussain, Khaled und mich begann ein neues Semester.

Eines Tages erschien Ali nicht in der Mensa, in der wir uns immer zum Mittagessen trafen. Wir fanden ihn weder in den Gängen der Universität noch in den Cafés, die wir sonst immer gemeinsam besuchten. Auf unsere Anrufe und Nachrichten reagierte er nicht. Er war verschwunden. Wir machten uns große Sorgen. Wir überlegten bereits, zu seinem Elternhaus zu gehen und dort nach ihm zu fragen, obwohl wir es vermieden, unsere Familien in unseren Freundeskreis eindringen zu lassen. Bevor wir einen Entschluss fassen konnten, tauchte er eines Tages so plötzlich wieder auf, wie er verschwunden war. Er wirkte müde, tiefe Schatten lagen unter seinen Augen und er sprach nur leise zu uns.

»Was ist?«, fragte ich ihn, als wir alle fünf auf dem Hof des Universitätsgebäudes saßen. »Haben deine Eltern von dir und dem Mädchen erfahren?«

Zu dieser Vermutung waren wir in den letzten Tagen gelangt. Wir hatten schon befürchtet, seine Eltern hätten ihn in das Dorf seines Vaters gebracht und ihn dort im Eiltempo verheiratet. Doch Ali schüttelte nur den Kopf.

»Nein, meine Eltern wissen nichts davon.«

»Was ist es dann?«, fragte Sufyan.

»Du«, sagte Ali und blickte ihn an, traurig, wie man ein Foto anblickt, das glücklich macht, bis man erkennt, wie weit und unerreichbar die Vergangenheit ist, in die es führt. So hatte sich Ali gefühlt, als er auf das Foto von uns fünf am Strand in Lattakia blickte, das sein Vater in seinem Zimmer gefunden hatte.

»Ich wusste, du verheimlichst mir etwas«, hatte er in warnendem Ton zu seinem Sohn gesagt.

In Syrien verheimlichen wir oft etwas. Vor dem Staat, der Familie, manchmal auch den Freunden. Meist versuchen wir dabei, irgendjemanden oder irgendetwas zu schützen, und wenn wir es nur selbst sind. Was ist das für eine Welt, in der die Wahrheit bestraft wird?

Für Ali waren zwei Lügen eine zu viel gewesen. Seine Liebe hatte er geheim halten können, nicht aber unsere Freundschaft. Auf der Rückseite des Fotos standen unsere

Namen geschrieben: Omar, Sufyan, Hussain und Khaled. Sufyan, Omar und Khaled, erkannte der Vater sofort, waren sunnitische Namen. Solche Leute waren kein Umgang für seinen Sohn. Er sperrte Ali für die nächsten Tage zu Hause ein und drohte ihm, ihn von der Universität zu nehmen, sollte er sich noch länger mit uns treffen.

Als er uns von dieser Geschichte erzählte, konnte er uns kaum in die Augen blicken. Sufyan fand als Erster die Sprache wieder.

»Ach komm«, sagte er, lachte versöhnlich und legte Ali seine Hand auf die Schulter. »Lass deinen Alten reden. Wir passen einfach auf, dass er uns nicht sieht.«

Wir anderen stimmten ihm zu. Wir wollten doch nicht unseren guten Freund aufgeben, nur weil sein Vater der Meinung war, wir würden auf der falschen Seite des Glaubens stehen! Ali lächelte dankbar zu uns hoch. Wenige Stunden später wirkte es, als hätten wir die Geschichte bereits vergessen. Wir machten sogar noch ein paar Witze darüber, lachten und sprachen nicht mehr über die Sache. Doch mich ließ sie nicht los. Und ich war mir sicher, dass es den anderen ebenso ging.

Wenn ich heute an Lattakia denke, an unsere unbeschwerten Nachmittage, an das Lachen, das wir teilten, dann überkommt mich eine bleierne Schwermut. Nicht nur, weil wir Freunde gewesen waren, sondern weil wir zwar das Lachen miteinander teilten, nicht aber das Schweigen. Wir schoben die Dinge, die uns trennten, weg, ohne darüber zu sprechen. Wir reflektierten nicht, wir fragten uns nicht: Was bedeutete es für Alis Leben, dass er aus einer Familie kam, die ihm den Umgang mit seinen besten Freunden verbot? Was würde das für Auswirkungen haben? Was macht es mit einem Menschen, wenn er so viel Hass erbt? Hass, der von Generation zu Generation weitergegeben wird, wie die Farbe von Augen und Haaren. Er liegt nicht in unserer DNA und doch beeinflusst er uns stärker als viele genetische Merkmale, die uns in die Wiege gelegt werden. Hass ist die wahre Erbsünde des Menschen.

Ein österreichischer Schriftsteller, den ich sehr schätze und von dem ich zu dieser Zeit noch nie gehört hatte, sagte einmal: »Zum Bösen führt kein großer Sprung, sondern viele kleine Schritte.« Wenn wir über diese kleinen Schritte gesprochen hätten, wenn wir gemeinsam mit Ali über diesen Hass reflektiert hätten, vielleicht wäre dann alles anders gekommen. Doch dafür blieb uns keine Zeit.

Kurz nach dieser Episode fingen die ersten Menschen an, auf den Straßen der Stadt zu singen. Polizisten und das Militär schlichen durch die Gassen, um für Schweigen zu sorgen, ein Schweigen, das Assad und seine Politik nicht hinterfragte, nicht hinterfragte, wenn Journalisten oder Künstler verschwanden, wenn Brüder und Freunde und Schwäger die höchsten Ämter bekleideten und wir, die wir keine Brüder oder Freunde oder Schwäger hatten, immer ärmer wurden. Doch wir schwiegen nicht. Und die Soldaten schlichen nicht mehr, sie marschierten. Sie schossen. Und der Krieg begann.

Meine Freunde verlor ich in den Wirren des Krieges aus den Augen. Die Flucht macht einsam, denn auf diesem Weg kann einen nichts begleiten als das eigene Herz.

So sehr es mich schmerzte, Ali, Hussain, Khaled, Sufyan und all die anderen Menschen zurückgelassen zu haben, so sehr hoffte ich, auch den Hass und das Misstrauen zwischen verschiedenen Glaubensrichtungen in Syrien gelassen zu haben. Europa, das bedeutete Neuanfang. Das Neue ist immer erschreckend und erlösend. Es erschrickt uns, weil wir nicht wissen, was es bereithält. Aber es kann uns auch vom Alten erlösen.

Umso härter traf es mich, als ich erkannte, dass wir Vorurteile und Ablehnung mit uns gebracht hatten. Wir hatten sie geschützt wie unsere wertvollste Fracht, während unsere Boote zu kentern drohten oder die Wachhunde der Grenzpolizisten uns in den Wäldern suchten. Wir verloren auf der Flucht alles: Pässe, Handys, Kleidung, oft auch unsere Würde. Aber diese Ablehnung pressten wir an uns, als wäre ihr Verlust nicht auszuhalten. Sie war ein Importgut höchster Klasse.

Dabei trifft das nicht bloß auf Menschen aus Syrien zu. Innermuslimische Konflikte gibt es zahlreiche: Kurden gegen Türken, Sunniten gegen Alawiten und Aleviten, Sunniten gegen Schiiten. Jede Gruppe wirft der anderen vor, nicht richtig zu glauben, Schriften falsch auszulegen, keine echten Muslime zu sein. Freundschaften müssen gelöst, Beziehungen beendet werden, weil diese Barriere so unüberwindbar scheint.

Am härtesten trifft es junge Muslime, die diese Abneigung gegenüber anderen religiösen Gruppen im Kindesalter noch nicht verstehen. Weil es auch nichts zu verstehen gibt! Sie freunden sich mit anderen Kindern an und hören dann zu Hause, dass sie sich von ihren neuen Freunden fernhalten sollen. Die Folgen sind Verbitterung und Isolation.

Die Islamische Glaubensgemeinschaft in Österreich (*IGGÖ*) hat die Aufgabe, den innermuslimischen Dialog zu fördern. Sie bildet die Islamlehrer aus und kümmert sich um zahlreiche Moscheen in Österreich. Die *IGGÖ* könnte ein wichtiger Brückenbauer sein zwischen Österreich und den Muslimen, die neu hier ankommen oder sich schwertun, dieses Land als ihre Heimat zu akzeptieren. Doch das geschieht nur unzureichend. Dass Frauen bloß eine repräsentative Aufgabe innerhalb der *IGGÖ* zukommt, habe ich zuvor schon beschrieben. Doch auch zwischen den Religionsgemeinschaften wird wenig vermittelt. Die *IGGÖ* tut sich etwa schwer damit, Aleviten und Schiiten ausreichend in den Dialog miteinzubeziehen. Die Aleviten gründeten daraufhin eine eigene Institution, die Alevitische Glaubensgemeinschaft in Österreich. Dabei muss es doch das Ziel sein, dass diese Menschen, die auf verschiedene Arten an den gleichen Gott glauben, unter einem Dach miteinander auskommen können!

Es braucht eine Institution wie die *IGGÖ*, denn sie ist eine Möglichkeit für alle Muslime in Österreich, sich mit Demokratie, Gleichheit, Religions- und Meinungsfreiheit auseinanderzusetzen. Solche Konzepte sind nicht angeboren, weder Europäern noch Syrern. Dafür, dass die Europäer sie jetzt schon fast ein Jahrhundert genießen, fällt die Achtung ihnen gegenüber bescheiden aus. In Syrien und anderen Ländern sind solche Konzepte aber seit den Tagen unserer Elterngeneration völlig verschwunden. Die *IGGÖ* könnte sie vermitteln und vorleben. Doch genau das passiert noch viel zu wenig. Die Bekenntnisse zu Werten wie Gleichberechtigung, Demokratie und Meinungsfreiheit sind noch zu leise und zu wenig überzeugend.

Ich erinnere mich noch gut daran, wie ich zum ersten Mal eine österreichische Moschee betrat. Das war in Graz. Ich hatte mich auf diesen Moment gefreut, hatte mir vorgestellt, wie ich ein Stückchen Heimat vor mir finden würde, wenn ich meine Füße auf den Gebetsteppich setzen und das Licht, das in der Architektur von Moscheen eine so wichtige Rolle spielt, über meine geschlossenen Augen tanzen würde. Doch die Realität enttäuschte mich. Zunächst war die Moschee nirgendwo angeschrieben. Es war fast, als wäre sie nur Eingeweihten bekannt und als sollten alle anderen gar nicht merken, dass es überhaupt eine gibt. Ein verstecktes, schmutziges Geheimnis, von dem bloß niemand erfahren sollte. Als ich sie endlich gefunden hatte, handelte es sich um einen kleinen, dunklen Raum. Ich hatte nicht mit einem prachtvollen Bau wie in Damaskus gerechnet, aber die Enge und Kälte, die ich verspürte, ließen Traurigkeit in mir aufsteigen. Die Heimat, auf die ich hier zu treffen gehofft hatte, war plötzlich ganz weit weg.

Wenn das Bekannte fremd erscheint, erst dann fühlen wir uns heimatlos. Dann scheint einem der Zugang versperrt, alle Wege abgeschnitten. Als würden wir als Erwachsene vor das Haus, in dem wir unsere Kindheit verbracht haben, treten und bloß graue Betonblöcke vorfinden, die das Haus und damit den Ort der Kindheit ausgelöscht haben.

Am schlimmsten war, dass die Moschee nicht wie ein sozialer Ort, wie eine Einladung zum Miteinander, auf mich wirkte. In Damaskus hielten wir uns manchmal einen ganzen Tag auf dem Vorplatz der Moschee auf, sprachen und lachten miteinander. Hierher aber kamen die Menschen, um ein Gebet zu verrichten. Abseits des Gebets wurde nur leise gesprochen. Ein Gotteshaus sollte doch eine Einladung sein, sich mit Gott, aber auch mit den Menschen, immerhin seine Schöpfung, einzulassen!

»Orte sind entscheidend für das soziale Zusammenleben«, erklärte mir Alena, als ich ihr von diesen Eindrücken berichtete. Sie hatte Architektur studiert und ihre Masterarbeit über positive und negative Einflüsse der Architektur auf die Integration geschrieben. »Die Architektur wirkt sich auf die Stimmung der Besucher aus. Ist sie offen und hell, fühlen sie sich freundlicher. Wenn sie Sitzgelegenheiten anbietet oder Ruheplätze, bleiben die Leute dort auch länger. Sie kommen ins Gespräch und aus einem Ort wird ein sozialer Treffpunkt.« Wir saßen auf meiner Couch und tranken Schwarztee. Für mich klang das nach den Moscheen, die ich aus Damaskus kannte.

Ich kann verstehen, wenn sich manche Europäer verängstigt fühlten, würden plötzlich Moscheen aus dem Boden schießen wie der Stephansdom in Wien oder die Sagrada Família in Barcelona. Aber das braucht es gar nicht. Offene, helle Gebäude, integriert in das Stadtbild und einladend für jeden, der vorbeigeht, davon hätten nicht nur

Muslime etwas. Auch nicht muslimische Bürger würden einen solchen Ort als weniger bedrohlich empfinden, würden eingeladen werden, auch mal hineinzuschauen. Je mehr wir uns öffnen, desto schneller und besser werden wir einander verstehen. Doch die Politik scheint kein Interesse daran zu haben, eine solche Offenheit zu fördern. Es wird gern von »Hinterhofmoscheen« gesprochen, in denen Radikalisierung stattfindet. Wenn das Gebäude, in dem sich die Moschee befindet, einem Hinterhof gleicht, ist das auch kein Wunder!

Niemand richtet seinen Blick dorthin. Es ist leicht, wegzuschauen und diesen Ort mitsamt seiner Religion zu ignorieren. Ignorieren und hoffen, dass das Problem von allein verschwindet – das ist schon zu lange die europäische Politik gegenüber dem Islam. Für fanatische Prediger ist das hingegen eine willkommene Einladung. Sie nutzen die schlechte Beleuchtung und versteckte Eingänge, um unbemerkt ihre Hassbotschaften an junge Muslime zu richten, die sich genauso fremd in ihrer europäischen Heimat fühlen wie solche Hinterhofmoscheen in den Städten, in denen sie stehen.

Für nicht muslimische Europäer ist es vielleicht schwer zu verstehen, warum sich die Politik um Moscheen und andere muslimische Orte kümmern sollte. Aber der Grund ist einfach: Erst wenn sich die Politik um Orte kümmert, an denen Muslime zusammenkommen und beten, kann sie dort auch einwirken. Ansonsten entsteht eine Leere, die mit Geld aus anderen Ländern, etwa Saudi-Arabien oder der Türkei, gefüllt wird. Und mit der Politik dieser Länder.

Damit will ich nicht sagen, dass die europäische Politik die Religion kontrollieren soll. Sie soll in einen Dialog mit ihr treten. Sie soll zeigen, dass ihr der Islam nicht egal ist. Nur so kann sich ein echter europäischer Islam entwickeln, der Werte wie Demokratie, Gleichberechtigung und Gedankenfreiheit lebt. Denn die Diskussion, ob der Islam nun alle diese Werte kennt oder nicht, ist völlig unwichtig. Selbstverständlich kennt er sie, aber offensichtlich werden sie nicht überall gelebt. Um sie aus dem Koran in das Alltagsleben der Gläubigen zu überführen, braucht es die Zusammenarbeit und den Dialog zwischen der europäischen Politik, die den Islam als Bestandteil der Gesellschaft anerkennt, und Muslimen, die genug haben von Hass, Vorurteilen, Verboten und Zwängen. Von diesen Muslimen gibt es viele. Sie müssen nur gesehen und gehört werden. Und genau dafür sollte die Politik Platz schaffen. Denn an einem Ort, der dunkel ist und kalt und der dem Islam nicht gerecht wird, wird man sie nicht antreffen.

Wir, die muslimische Community, müssen ein starkes Zeichen dafür setzen, wie wir den Islam leben wollen. Wir sind vor Unterdrückung, Feindseligkeit und Zwiespalt geflohen. Versuchen wir, alte Verhaltensmuster, die Feindseligkeiten fördern, in unsere neue Heimat mitzunehmen, sind wir umsonst geflohen. Dann hat uns eingeholt, was wir zurücklassen wollten.

Doch auch die europäische Politik darf nicht länger so tun, als wäre der Islam etwas, das sie nichts anginge. Als würde er nicht zu Europa gehören, sondern in einer Parallelwelt stattfinden. Denn so wird eine Parallelgesellschaft erschaffen, in der von demokratischen Werten nichts zu spüren ist. Radikale Prediger aus Ländern wie Saudi-Arabien verbreiten darin ihre Botschaften. In *YouTube*-Videos erreichen sie Tausende Jugendliche. Darin verharmlosen Fundamentalisten den Holocaust und finden lobende Worte für den Nationalsozialismus, was sie in eine perverse Nähe zu den Rechtsradikalen hier in Europa rückt, die den Islam zum neuen Feindbild auserkoren haben. Der Märtyrertod wird als heldenhafte Tat verklärt und ganz Europa als ein Morast von Sünde und Versuchung bezeichnet.

Wer an solche Sachen glaubt und auf diese Art leben will, der lebt in der Vergangenheit. Für den ist in einer Gesellschaft, die nach vorne schauen will, kein Platz. Moscheen, die für muslimische Jugendliche eine noch wichtigere Anlaufstelle sind als Kirchen für christliche, müssen zu einem Korrektiv für solchen Wahnsinn werden. Solche Moscheen, wie ich sie mir wünsche, könnten das leisten. Sie würden zum Gespräch einladen, sie würden Sichtbarkeit geben. Eine *IGGÖ*, die nicht bloß Symbolpolitik betreibt oder sich instrumentalisieren lässt von der Politik antiliberaler und undemokratischer Länder, sondern die versucht, allen muslimischen Strömungen gleichberechtigt eine Stimme zu geben und demokratische Grundwerte vorzuleben, könnte für die innermuslimische Versöhnung so wichtig sein.

In Wien habe ich erlebt, wie ein junger Mann aus Syrien in einer Moschee predigte und über Heimat sprach. Über die Heimat, die er verloren, und die Heimat, die er hier neu gefunden hat. Solche junge Menschen sollten wir in den

Moscheen hören, mit Botschaften des Friedens und der Liebe. Denn sie sind Kernbotschaften jeder Religion, auch des Islam.

Es ist falsch, zu behaupten, bei dieser Versöhnung stünden uns allein europäische Vorurteile oder weißer Rassismus im Weg. Viel zu oft sind wir innerhalb der muslimischen Community nicht bereit, jene Akzeptanz vorzuleben, die wir von den Europäern fordern.

Extremismus und Fundamentalismus sind Spiralen, in die auch Menschen gelangen und von ihnen hinabgezogen werden, die wir uns kaum als radikale Islamisten vorstellen können. Ich weiß das, denn ich habe es selbst erlebt.

Als ich bereits einige Zeit in Österreich verbracht hatte, erreichte mich eine Nachricht über *Facebook*. Sie kam von Sufyan. Als ich seinen Namen las und mich vergewissert hatte, dass es sich tatsächlich um meinen alten Studienfreund handelte, drohte ich in einer Welle von Erinnerungen unterzugehen. Es waren Erinnerungen, die ich mir gut dosiert für stille Momente der Einsamkeit aufgespart hatte, die nun aber unkontrolliert über mich hereinbrachen: die befreiten Sommertage in Lattakia, die gemeinsame Zeit in der prächtigen Umayyaden-Moschee in Damaskus, unsere Streifzüge durch die Altstadt. Aber auch Alis Vater kam mir wieder in den Sinn, der seinem Sohn verboten hatte, mit Sufyan, Khaled und mir zu sprechen, weil wir als Sunniten für ihn keine echten Muslime waren.

Vor dem Krieg waren wir fünf gute Freunde gewesen. Nun wusste ich nicht einmal, wie es den anderen ging. Und schuld daran war nicht allein der Bürgerkrieg. Schuld war dieser blinde Hass, der Mauern hochzog zwischen Menschen, die so viel teilten – Sprache, Herkunft, Geschichte, sogar den Krieg und die Angst – und doch kein Vertrauen zueinander finden konnten.

Sufyan lebte noch immer in Damaskus. Seine meisten Freunde waren wie ich geflohen oder tot, begraben unter zusammengebrochenen Wohnhäusern oder niedergestreckt von einer Kugel, die für jeden hätte bestimmt sein können, aber sich in ihren Körper verirrt hatte. Er half seinen Eltern, so gut es ging, und wenn er es schaffte, in eines der wenigen Cafés mit Internetanschluss zu kommen, suchte er das Netz nach alten Bekannten ab. Manchmal brauchte er fünf Stunden, um zu einem dieser Kaffeehäuser zu kommen, obwohl sie nur wenige Straßen entfernt lagen, so viele Checkpoints musste er passieren. Doch jedes Mal, wenn er einen seiner alten Freunde fand und sah, wie er in Sicherheit lebte, fühlte auch er sich ein wenig geborgener, als hätte ein Teil von ihm diesen Freund begleitet, wohin auch immer er geflohen war. Und vielleicht stimmte das sogar.

So hatte er auch mich gefunden. Er gratulierte mir zu meinem Buch und fragte, wie es mir in Österreich ginge. Sufyan erzählte von sich und seinen Eltern. Und dann erzählte er von Ali. Ali, der unser gemeinsamer Freund gewesen war, bis sein Vater ihn zwang, diese Freundschaft zu beenden. Er hatte sich im Laufe des Krieges der schiitischen Hisbollah angeschlossen.

Die Hisbollah war eine der vielen Gruppen, die in Syrien um ein kleines Stück Kontrolle kämpften. Wie jede andere

Gruppe auch versuchten sie, die Illusion aufrechtzuerhalten, irgendetwas zu besitzen, solange sie nur genug Blut dafür vergossen.

Während unserer Freundschaft hatte es keine Anzeichen dafür gegeben, dass Ali sich zu einem Extremisten entwickeln könnte. Und wäre unser Leben so weitergegangen, wäre das auch nie passiert. Doch es kam der Krieg und schon lange davor war der Hass da gewesen. Mit vielen kleinen Schritten hatte er sich in die Herzen von Menschen geschlichen. Alis Vater etwa hatte diesen Hass in sich getragen, als er seinem Sohn verbot, mit uns ein weiteres Wort zu wechseln. Dieses Ereignis allein reicht nicht, um einen Menschen in den Fanatismus zu treiben. Doch viele solche Ereignisse führen dazu, dass sich Menschen isoliert fühlen und einsam. Ihre Heimat zerfällt und sie suchen nach einer neuen. Das kann in Europa genauso wie in Syrien geschehen.

Alis Schicksal wird von vielen jungen Muslimen geteilt, egal ob sie in Deutschland, Österreich, Schweden oder Frankreich leben. Was dieser Hass anrichtet, der die Welt einteilt in Gut und Böse, Gläubige und Sünder, konnten wir auf den Straßen von Paris sehen, auf jenen von Wien und zuletzt in Oslo. Wir können solche Terroristen nicht freisprechen von ihrer eigenen Verantwortung. Aber wir müssen fragen, was sie letztlich in die Arme des Radikalismus getrieben hat.

Dafür gibt es viele Gründe: finanzielle Sorgen, wenig Aussichten auf Chancen oder eine gelungene Zukunft, doch all das führt letztlich zu einem Gefühl der Heimatlosigkeit.

Diese Heimat könnten sie in einem europäischen Islam finden, der keine Unterscheidung macht zwischen Sunniten und Schiiten, zwischen Kurden, Aleviten, Alawiten oder islamischen Mystikern, die wir meist als Sufisten bezeichnen. Ein europäischer Islam, der Werte wie Demokratie, Gleichheit und Freiheit nicht als Gegensatz zur islamischen Tradition begreift, sondern diese Werte aus dem Islam selbst ableitet. Ein europäischer Islam, der sich stolz zu seinen Wurzeln und seiner Herkunft bekennt und gleichzeitig keine Angst vor der Zukunft hat. Doch weder die europäische Politik noch die muslimische Community arbeiten zurzeit stark genug daran, einen solchen Islam zu verwirklichen. Die Stimmen dafür gibt es, doch ihnen wird noch zu wenig Raum geboten.

»Hätten wir etwas merken müssen?«, schrieb mir Sufyan am Schluss seiner Nachricht. Hätten wir diese Seite in Ali sehen müssen? Doch da war nichts in Ali, das uns, seinen Freunden, verborgen geblieben war. Vielmehr waren es viele kleine Schritte, die sein Vater gegangen war und die ganze Gesellschaft um Ali herum, so lange, bis Ali die Fußspuren dieser Menschen für seine eigenen hielt.

Ali starb, als eine Bombe explodierte. Ob es seine eigene war oder die eines Feindes, wusste Sufyan nicht, es spielte auch keine Rolle. Er wusste, dass sich diese Explosion schon seit vielen Jahren angekündigt hatte, lange bevor jemand die Drähte für diese Bombe zusammengeschlossen hatte.

»Ich denke oft an Lattakia«, schrieb er mir am Ende. »Wir waren glücklich, weil wir frei waren. Aber ich wusste nicht, was es bedeutet, frei zu sein. Deswegen verlor ich auch das Glück. Ich weiß es jetzt. Ich hoffe, du auch. Ich hoffe, du bist glücklich.«

Familienbande

*Begeht ein junger Araber ein Verbrechen, heißt es immer, dass
junge Araber generell gefährlich und gewaltbereit sind. Tatsächlich waren wir Geflüchteten mit viel Gewalt konfrontiert, sonst
wären wir nicht geflüchtet. Diese Erfahrungen haben uns geprägt.
Doch es gibt Mittel, den Spuren der Gewalt in uns zu begegnen und
sie zu verarbeiten. Statt diese Chance zu nützen, pflegt Europa ein
Vorurteil, dessen wahrer Kern wie so oft an einer anderen Stelle zu
finden ist, als es zunächst den Anschein hat.*

Ich sitze in einem Bus, durch dessen halb geöffnete Fenster
der Staub der Straße dringt. Das Radio spielt einen ägyp-
tischen Popsong. Ich kenne das Ziel meiner Reise, Damaskus, aber ich weiß nicht, was mich dort erwarten wird.

Der Schlepper, der mich aus dem Libanon wieder zurück nach Syrien bringt, kennt sich gut aus. Vor ihm auf
dem Armaturenbrett liegen bereits fein säuberlich Bündel mit Geldscheinen aufgereiht, die er den Beamten bei
den Checkpoints aus dem Fenster in die Hand drückt. Die
Reihe der Scheine wird knapper, je näher wir der Stadt
kommen.

Ich habe versucht, mir im Libanon ein neues Leben aufzubauen, doch es gelang mir nicht. Nach einigen Mona-
ten der Ausbeutung habe ich mich entschlossen, wieder
zurückzukehren. Die Angst lastet auf meinem Herzen wie
ein Stein. Ich habe so viel riskiert, um vor diesem Krieg zu
entkommen. Alles in meinem Körper sträubt sich, als er
nun wieder mitten in sein Herz fährt.

Wir sind bereits auf einer der Hauptstraßen von Damaskus, als wir beim letzten Checkpoint haltmachen. Ich sehe Chaos und Verwüstung, Militär auf den Straßen, zerbombte Häuser, leer stehende Cafés. Doch ich rieche auch Gewürze, die für meine Heimat so typisch sind, höre das vertraute Dröhnen der Motorräder, die wild durch enge Gassen schlittern, und sehe alte Männer auf den Gehsteigen sitzen, Pfeife rauchen, während sie konzentriert auf ein Brettspiel starren.

Plötzlich geht die Tür des Busses auf. Die Außenwelt dringt in diesen kleinen, geschützten Raum ein, in diese Blase, die mich von Beirut nach Damaskus tragen sollte, bis in die Wohnung meiner Familie. Sie zerplatzt mit dem Aufschwingen der rostigen Autotür. Mit einem Schlag wird mir klar, wie brüchig dieses Gefühl der Sicherheit von Anfang an gewesen ist. Krieg ist allumfassend. Er berührt jeden Ort, jeden Menschen jede Sekunde. In einem Krieg gibt es keine Sicherheit. Es gibt bloß einige glückliche Momente, in denen wir uns vorspielen können, dem wäre nicht so. Doch dieser Moment geht vorüber und der Stein in meiner Brust beginnt zu sinken.

Ein Soldat tritt ein. Sein Gesicht trägt einen erbarmungslosen Ausdruck. Ich sehe, dass noch genauso viele Bündel mit Geldscheinen vor dem Fahrer liegen wie zuvor. Ein Beamter, der in Syrien nicht bestechlich ist, gehört für gewöhnlich zu einer besonders brutalen Sorte.

»Aussteigen«, sagt er. Und ich weiß, was das bedeutet. Wenn wir diesen Bus verlassen, werden mir Sekunden wie Jahre vorkommen, die ich niemals erleben werde.

Die wenigen anderen Mitfahrer und ich steigen aus. Wir haben kein Gepäck bei uns, unsere Pässe hat der Schlepper, der den Bus fährt. Auch er steigt aus, sein Gesicht ist regungslos. Einige Mitfahrer beten leise, als wir nach draußen treten. Soldaten überall, Maschinengewehre in der Hand. Der Soldat mit dem erbarmungslosen Gesicht tritt vor und streckt die offene Handfläche aus. Der Schlepper legt unsere Pässe hinein. Mit derselben Sicherheit, mit der ich weiß, dass zwei und zwei vier ergibt, weiß ich, dass wir sterben werden.

Ich schlug die Augen auf und schnappte nach Luft. Der Traum hatte meinen Körper größte Anstrengung gekostet, Schweiß zeichnete meine Umrisse in die Bettlaken. Ich brauchte einige Momente, um mich zu orientieren. Ich lag in meinem Bett in der Flüchtlingsunterkunft Fieberbrunn in Tirol. Die Szene, die ich in meinem Traum immer wieder durchlebte, lag nun schon einige Monate zurück.

Neben mir schliefen andere Geflüchtete. Immer wieder sprachen sie im Schlaf, beschworen leise ähnliche Erinnerungen herauf, wie ich sie Nacht für Nacht durchleben musste. In den Momenten unserer größten Verletzlichkeit kehrten wir an die Orte des Schreckens zurück. Unsere Träume sollten unserer neuen Heimat gehören, doch unsere alte ließ sie nicht los.

Der Krieg hatte Syrien zu einer Maschine der Gewalt gemacht. Einfluss, Geld, Macht – alles war eine Frage der Gewalt. Irgendwann wurde auch das Überleben dazu. Viele Menschen hatten friedlich zu protestieren begonnen. Darunter auch ich. Doch als ich erkannte, dass der Frieden den

Waffen der Gegner unterlegen war, weil es in der Welt, die sie geschaffen hatten, keinen Platz für ihn gab, entschied ich mich zur Flucht.

Das heutige Syrien ist gegründet auf Gewalt. Seine Politik wird mit Gewalt durchgesetzt. Die Gewalt beginnt bei den staatlichen Behörden und zieht sich dann bis in die Familien. Sie hat die Diskussion, die Kritik, den Kompromiss, das Wählen ersetzt. Gewalt wurde zur politischen Währung. Manche konnten sich von ihr freikaufen, mit Geld, ihrem Körper oder ihrer Seele. Ich kannte Personen, die das Gerücht über sich selbst in Umlauf brachten, eine »schöne Schrift« zu besitzen. Das bedeutete, sie verfassten Berichte für die Geheimdienste. Diese Spitzel wurden von allen gemieden und führten ein isoliertes Leben. Viele davon waren gar keine echten Spitzel, doch für sie war es ein Weg, selbst Gewalt ausüben zu können, sie zumindest vorzutäuschen. Wir fanden immer wieder Leichen im Müll, achtlos weggeworfen wie abgelaufene Nahrungsmittel, von denen es hieß: Die hatten eine schöne Schrift. Andere häuften Gewalt an, scharrten sie um sich, verkauften sie an den Meistbietenden. Und die, denen wir diesen Krieg zu verdanken hatten, kontrollierten sie, spielten mit ihr, rissen die alte Welt damit ein und bauten auf ihrem Fundament eine neue.

Das Schlimmste an alldem war, dass wir, die aus Syrien flüchteten, Teil dieser Maschine wurden. Sie pflanzte Gewalt in unsere Herzen. Der Krieg wird Teil von dir. Du musst lernen, mit diesem Teil zu leben, ihn zu verarbeiten. Wenn du das nicht schaffst, wird er Kontrolle über dich erlangen, wird irgendwann aus dir herausbrechen. Viele meiner ehemaligen Freunde, die zunächst friedlich an meiner Seite in den Straßen Damaskus' demonstriert hatten, ließen sich von der Gewalt verführen. Ich flüchtete, bevor mir dasselbe passieren konnte. Denn die Gewalt, die du heute ausübst, verdunkelt dein Morgen.

Ich wusste, dass ich nicht mehr einschlafen würde können, und stieg aus dem Bett, um mich in den Aufenthaltsraum zu setzen. Es war früher Morgen und eine kleine Gruppe von Syrern war bereits wach und saß um einen Tisch herum. Sie sprachen mit zusammengesteckten Köpfen. Ich setzte mich daneben. Unweigerlich schnappte ich einige Sätze auf.

»Meine Familie ist groß, sie lebt in Schweden und Deutschland. Mit meinen Brüdern und Cousins kommen wir auf knapp hundert Leute. Viele leben schon jahrelang hier.«

Ich konnte im schwachen Licht nur undeutlich erkennen, wer sprach. Der Stimme nach musste es ein junger Bursche sein.

»Was glaubst du«, fragte er einen seiner Gesprächspartner, »was ist einfacher? Hier einen Job zu finden? Dafür musst du die Sprache können und außerdem brauchst du Kontakte. Glaubst du, die Europäer stellen einen Geflüchteten ein? In meiner Familie kann ein Syrer sofort anfangen zu arbeiten. Geld gibt es auf die Hand. Und alles auf Arabisch. Außerdem ...« Der Junge machte eine Pause, als würde er gleich ein wichtiges Geheimnis verraten. »Außerdem seid ihr dort sicher. Wenn ihr Probleme habt, ruft ihr einfach mich an und ich komme mit zwanzig Leuten. Da kommt euch keiner blöd. Keine Probleme«, sagte er.

Ich kannte solche Gespräche. Sie waren im Flüchtlingslager öfters zu hören. Ich wollte nicht länger zuhören. Also stand ich wieder auf und kehrte in den Schlafsaal zurück, zurück zu meinem nassgeschwitzten Bett, zurück zu meinen Träumen.

Etwas später wurde ich in ein neues Flüchtlingsheim gebracht, nach Gratkorn in der Nähe von Graz. Dort kam eine österreichische Frau zu uns. Sie erzählte, sie käme von der NGO OMEGA und würde Gesprächstherapie anbieten.

»Hast du Pässe dabei?«, rief einer.

Die Frau schüttelte nur den Kopf. Vereinzelt waren Lacher zu hören. Gesprächstherapie, was sollte das? Ohne die Möglichkeit, die Sprache zu lernen, das Land zu sehen, Arbeit zu suchen, worüber sollten wir sprechen? Was konnte das schon helfen? In Syrien wurden psychische Krankheiten stigmatisiert. Sie wurden versteckt, totgeschwiegen, ignoriert. Und für etwas, über das man nicht sprach, gab es auch keine Therapie. Wer in Syrien zur Therapie geht, könnte nie eine Frau finden, denn er gilt als verrückt.

Als sich die Menge aufgelöst hatte und die Frau allein zurückgeblieben war, ging ich vorsichtig zu ihr. »Ich würde gerne mit Ihnen sprechen«, sagte ich. Ein Dolmetscher, den die Frau mitgebracht hatte, übersetzte. Ich war erst kurz in Österreich und beherrschte die deutsche Sprache noch nicht besonders gut.

»Wenn du der Einzige bist, dann kommst du am besten zu uns. Wir haben ein Büro ganz in der Nähe.« Sie gab mir ihre Karte und eine ungefähre Wegbeschreibung.

Von da an borgte ich mir einmal die Woche eines der Fahrräder aus, die uns zur Verfügung standen, und radelte eine halbe Stunde zum Büro von OMEGA. Ich setzte mich in einen bequemen Ledersessel im Büro der Frau, ihr gegenüber, und begann zu sprechen. Ich erzählte ihr von meinem Leben in Syrien, von meinem kurzen Abstecher in den Libanon, meiner Rückkehr nach Damaskus und wie ich endgültig beschlossen hatte, nach Österreich zu fliehen. Ich erzählte ihr von meinen Freunden und meiner Familie, von meinen Gedichten, vom syrischen Essen und vom Leben im Flüchtlingsheim. Ich erzählte ihr von meiner Angst, von der ich in Syrien jeden Tag gekostet hatte, so viel, bis alles nach ihr zu schmecken begann.

Sie sprach kaum. Sie hörte bloß zu, nickte und stellte mir ab und zu eine kurze Frage. Ich bemerkte, dass ich die Gewalt, die in mir war, den Krieg, der sich in meine Seele gefressen hatte wie ein Parasit, durch Sprache schwächen konnte. Wie ein Feuer, dem man den Sauerstoff entzieht. Erzählungen erstickten den Brand in mir wie eine tonnenschwere Decke. Jedes Mal, wenn ich wieder ins Flüchtlingsheim zurückfuhr, fühlte sich mein Herz leichter an, als hätte sich einer der vielen Knoten, die das Geflecht meiner Angst bildeten, gelöst.

Meine Erzählungen gaben mir das Gefühl von Kontrolle. Ich konnte über das sprechen, was ich erfahren hatte. Ich konnte verstehen, was mir passiert war. Sie gaben mir Sicherheit.

Oft als ich von meinen Gesprächen zurück ins Flüchtlingsheim kam, dachte ich an meine Zeit in Fieberbrunn zurück. Dort waren viele verschiedene Nationalitäten vertreten gewesen und ich hatte oft junge Männer miteinander flüstern gehört. Sie sprachen über große Familien, die ihnen Sicherheit geben und ein gutes Leben ermöglichen würden. Die Familie ist immerhin die erste Heimat. Es ist nicht verwunderlich, dass sich die ersten großen sogenannten »Clans«, die heute oft mit Migranten und Geflüchteten in Verbindung gebracht werden, in Flüchtlingslagern bildeten.

Clans sind kriminelle Großfamilien, meist aus dem Libanon oder Palästina oder sie waren Kurden. In diesen Ländern gab es in den 1980er-Jahren schreckliche Konflikte und Menschen flüchteten nach Europa. Vor allem Deutschland hat ein Problem mit solchen Strukturen, die abseits des Staates arbeiten.

Ich habe bereits viel über die Bedeutung der Familie in der arabischen Kultur geschrieben. Bei all den positiven Seiten gibt es auch negative, wie den Kampf um Ehre oder das Ausüben von Druck zwischen Verwandten. Im schlimmsten Fall entwickelt sich eine solche Großfamilie, die weit über hundert Leute zählt, zu einer kriminellen Organisation.

Syrern sind solche kriminellen Organisationen aus ihrer Heimat bekannt. Die größte dieser Familien trägt den Namen Assad. Im Grunde ist die Familie des Diktators nichts anderes als ein Clan, nur mächtiger und einflussreicher. In der arabischen Welt haben Familien oft Länder regiert: Gaddafi in Libyen, Assad in Syrien, Saddam Hussein im Irak. Die Politik wurde unter solchen Diktatoren zu einem Tauschgeschäft zwischen Familien und Freunden. Sie vergaben ihre Gunst wiederum an andere Familien, die sich ihnen gegenüber loyal zeigten. Im Grunde sind auch Königshäuser nichts anderes als Großfamilien mit politischer Macht. In Ländern wie Syrien zählte schon seit jeher die Familie mehr als eine Partei oder andere Organisationen. Es ist daher nur logisch, wenn Menschen nach ihrer Flucht solche Strukturen in anderen Ländern errichten.

Bei der breiten Bevölkerung in Syrien genießen solche Familien allerdings einen schlechten Ruf. Kein »ordentlicher« Mann würde sich mit ihnen abgeben. Doch leider versprechen solche Familien oft schnellen Aufstieg, Geld und Macht. In Ländern, in denen es sonst kaum Aussichten auf ein gutes Leben gibt und in denen Korruption herrscht, sehen viele junge Leute ihre einzige Möglichkeit darin, sich solchen Familien anzuschließen oder selbst eine solche zu gründen. Denn wenn sie nur genug Geld und Macht anhäufen, können sie sich freikaufen von ihren Sünden.

In Syrien hängt alles zusammen: Imame, Politiker, Wirtschaftsbosse. Die Moral ist das Geld. So kann jemand, der sich morgens in der Moschee freundlich mit dem Imam unterhält, am Abend Kokain verkaufen. Die Leute sehen nur, was im Licht des Tages passiert, und vergessen, was sich in der nächtlichen Dunkelheit abspielt. In dieser Welt bekommen die Reichen alles, selbst das Paradies, und für die anderen bleibt nichts.

Es ist dieselbe Aussichtslosigkeit, die junge Migranten in Europa in die Hände solcher Familien treibt. Als Geflüchteter kann es passieren, dass man jahrelang im Ungewissen lebt. Werde ich hierbleiben dürfen? Oder werden all meine Anstrengungen umsonst gewesen sein? Die Zeit des Wartens ist wie Sand, der einem durch die Finger rinnt.

Es ist ohnehin schwer, als Neuankömmling in diesem Land, ohne Bekanntschaften oder Kontakte, einen Beruf zu finden, aber wir dürfen uns in dieser Zeit nicht einmal für eine Stelle bewerben. Es gibt ein paar Gelegenheitsarbeiten für wenige Euro die Stunde, aber sie stellen mehr Dienst an der Gemeinschaft dar und weniger ein eigenes Einkommen.

In der Zeit nach ihrer Ankunft sind Geflüchtete auf die Sozialleistungen des Staates angewiesen, die mit 150 Euro im Monat kaum ausreichen, um sich zu ernähren. Diesen Menschen werfen österreichische Steuerzahler vor, nicht zu arbeiten und dem Staat nur auf der Tasche zu liegen. Dabei gibt es so viele Geflüchtete in den besten Jahren, die nicht einmal in Branchen, wo ein Mangel herrscht, arbeiten dürfen! Zu groß ist die Angst, sie könnten sich hier ein Leben einrichten. Jeder weiß, dass Geflüchtete, die Bekanntschaften geknüpft, sich in die Gemeinschaft eingelebt haben und auch als fleißige Arbeitskräfte aufgefallen sind, nicht still und leise abgeschoben werden können. Dann kommt es zu lauten Protesten und viel medialer Kritik. Und das will die Politik vermeiden.

Es gibt immer ein paar Menschen, die so ein System ausnützen, auch unter den Geflüchteten. Sie werden nur bestärkt, indem ihnen die Arbeitssuche so schwer wie möglich gemacht wird. Einige meiner Freunde haben mich gefragt: »Du hast doch jetzt eine Freundin, Omar. Warum machst du nicht ein paar Kinder? Hier zahlt der Staat dafür!« Das derzeitige System verstärkt solche Tendenzen, während es motivierte Menschen ausbremst.

Viele junge Geflüchtete und Migranten, die verzweifelt auf eine Arbeitserlaubnis warten und verrückt werden vom monatelangen Herumsitzen und Nichtstun, sehen ihre Möglichkeit in der Schwarzarbeit. In großen Städten wie Berlin, Malmö oder Wien gibt es immer irgendwo einen Job, mit dem man sich ein wenig dazuverdienen kann. Es ist nicht viel, aber es ist besser als nichts. Um dieses Geld werden Jugendliche in Parks geschickt, um dort Drogen zu verkaufen. Vielen jungen Geflüchteten geht es dabei nicht nur ums Geld. Es geht ihnen darum, etwas zu tun, das Gefühl zu bekommen, gebraucht zu werden, dazuzugehören. Und genau deswegen sind sie so empfänglich für Clanfamilien.

Diese Familien sind alle ähnlich strukturiert. Die Ältesten sind die Anführer. Sie verdienen ihr Geld teilweise mit legalen, noch mehr aber mit illegalen Geschäften wie Prostitution, Drogenhandel, Glücksspiel und Raub. Viele andere Familienmitglieder haben offiziell kein Einkommen, weswegen sie Sozialgeld und staatliche Unterstützung beziehen können. Sind sie der Familie treu, werden sie mit Geld oder teuren Autos belohnt. Solche Familien unterliegen anderen Gesetzen, als sie in einem demokratischen Rechtsstaat herrschen. Selbst wenn es um Krieg mit verfeindeten Clans geht, schweigt man gegenüber dem Staat. Alles wird innerhalb der Familie geregelt. Das führt bis zu Ehrenmorden. Die Aussicht auf Gefängnis, die viele Europäer abschreckt, funktioniert bei solchen Menschen nicht.

Der durchschnittliche europäische Kriminelle gerät auf die schiefe Bahn, weil er über kein soziales Netz verfügt, das ihn stützt. Für ihn bedeutet Gefängnis meist das Ende seiner Existenz. Wer stellt schon jemanden ein, der mal gesessen hat? So wirkt das Gefängnis abschreckend. Doch in solchen Großfamilien ist Gefängnis Ausdruck der Loyalität. Jemand, der gesessen hat, gilt als besonders treu. Wird er entlassen, steht eine große Familie bereit, die sich um ihn kümmert. Nach Gefängnisaufenthalten steigt er in der Gunst des Clanoberhaupts sogar noch. Sie hatten vor ihrem Gefängnisaufenthalt keinen richtigen Beruf und brauchen daher danach auch keinen. Deswegen sitzen Mitglieder solcher Familien auch immer wieder ein. Weil es ihnen schlicht wenig ausmacht.

Ich hielt einmal in Graz einen Workshop in einer Schule. Die Lehrerin erzählte mir, dass einer der Schüler gerade erst aus dem Gefängnis gekommen war und von seinen Freunden wie ein Held gefeiert wurde. Es gibt dafür im Arabischen sogar ein Sprichwort: »Das Gefängnis ist für echte Männer!« Im Gefängnis wurde er also zum Mann und diese neue Stellung genoss er.

Es ist schwer zu begreifen, wie solche Menschen über Jahrzehnte kriminelle Strukturen aufbauen können, während zahlreiche andere wegen kleinster Vergehen oder bloß dem Ablaufen eines Aufenthaltsstatus aus Europa abgeschoben werden. Viele von ihnen sprechen die Sprache ihres neuen Heimatlands, sie haben Arbeit, die Kinder gehen hier in die Schule. Doch genau dieser Umstand ermöglicht die Abschiebung, denn die führenden Kriminellen von Großfamilien haben oft gar keine Pässe mehr. Ihre Heimatländer haben ihnen die Staatsbürgerschaft entzogen, aufgrund ihrer kriminellen Tätigkeiten. Familien, die sich vorbildhaft eingelebt haben, besitzen noch ihre Pässe. Sie sind leicht auffindbar, leicht identifizierbar und werden daher von der Politik in Flugzeuge gesetzt, die sie zurückbringen in den Iran, nach Afghanistan oder Georgien.

Je länger es diese kriminellen Großfamilien in Europa gibt, desto schwerer werden es Geflüchtete haben, die neu hier ankommen. Viele von ihnen sind jung, im besten Arbeitsalter, sie wollen sich etwas aufbauen. Doch die europäische Politik gibt ihnen keine Chance. Statt auf eine Arbeitserlaubnis zu warten, die nicht kommen will, oder auf Deutschkurse, die reihenweise gestrichen und gekürzt werden, sehen sie in solchen Familien die Chance auf Geld und eine Aufgabe. Dabei wird der Druck der Familie immer größer, denn von ihnen wird erwartet, dass sie in Europa Geld verdienen und es nach Syrien schicken, um ihre Familie zu unterstützen. Deswegen versuchen sie alles, um schnell Geld zu verdienen. Vor allem aber suchen sie Sicherheit. Denn innerhalb einer Familie fühlen wir uns geborgen, umsorgt. Die Familie ist die Heimat fern der Heimat. Und egal wo wir sind, wir suchen immer nach einem Stück Heimat.

Damit sich die vielen jungen Menschen, die nach Europa kommen werden und die Europa braucht, nicht die eigene Zukunft kaputt machen, bedarf es einer europäischen Politik, die ihnen mit Angeboten abseits von Symbolpolitik entgegenkommt. Und die gegen kriminelle Strukturen hart vorgeht, anstatt Familien abzuschieben, denen Europa zur neuen Heimat geworden ist.

Doch auch die arabische Community muss laut gegen solche kriminellen Strukturen auftreten. Viele haben Angst, immerhin reichen die Netzwerke solcher Familien weit. Es gibt zahlreiche Berührungspunkte im täglichen, nicht kriminellen Leben. Viele Mitglieder solcher Organisationen sind nicht grimmig dreinblickende Schlägertypen. Viele von ihnen trifft man in Shisha-Bars, sie sprechen mit jungen Leuten, fragen, wie sie ihnen helfen können. Nur hat diese Hilfe einen Preis. Der Preis ist eine Abkehr von demokratischen Werten. Der Preis wird in der Währung Gewalt bezahlt. Eine Gewalt, die der Krieg tief in uns gebrannt hat, ein Brandzeichen auf der Seele.

Als ich in der Türkei lebte, arbeitete ich zunächst in einer Schuhfabrik. Als meine Lunge den Feinstaub nicht mehr aushielt, fing ich an, in einem Restaurant zu kellnern. Die halbe Mannschaft bestand aus Geflüchteten, denn sie waren billig und konnten es sich nicht leisten, sich zu beschweren. Ich arbeitete mit einem anderen Syrer zusammen, den ich einfach nicht ausstehen konnte. Jeden Tag erklärte er mir, was ich falsch machte. »Du musst die Teller so tragen«, sagte er. Oder: »Fass das nicht an!« Oder: »Bring deine Haare in Ordnung!« Hunderte Male konnte ich mir diese Vorwürfe anhören. Heute glaube ich, dass dieser Frust aus dem tiefen Riss kam, den er in sich trug, den wir alle in uns trugen – ein Riss, der sich zwischen der Vergangenheit und der Gegenwart auftut und aus dem die Angst emporkriecht wie die Lava aus einem Vulkan. Langsam, unaufhaltsam, zerstörerisch.

Ich halte mich selbst für einen friedlichen Menschen. In Syrien habe ich mich nicht gewehrt, als Soldaten uns beschossen, als sie uns anschrien und bedrohten. Auch in Österreich habe ich nie die Hand erhoben, wenn mich jemand rassistisch beleidigte oder in meine Richtung spuckte. Doch in diesem türkischen Restaurant, als wir in der Küche standen, während lachende und trinkende Gäste auf ihre Bestellungen warteten, holte die Maschine auch mich ein.

Mein Kollege sagte etwas, irgendeine Beschwerde, die ich schon längst vergessen habe. Und plötzlich verschwanden die Geräusche aus der Welt, die Gerüche entzogen sich meiner Nase, die Luft wurde zu Nebel, der auswich, wenn ich ihn einatmen wollte. Ich konnte mich selbst sehen, wie in einem Spiegel, der das Bild seines Betrachters gebrochen zurückwirft. Ich sah mich, wie ich ihn anschrie, wie ich ihn packte und auf den Boden schleuderte. Ich sah mich schon auf ihn springen und auf ihn einschlagen, doch ich sah ebenfalls, dass er weinte. Und seine Tränen waren wie das kalte Wasser nach einem schweren Regen. Sie ließen mich in meinen Körper zurückkehren. Ich spürte, wie meine Hände zitterten und mir Schweiß über das Gesicht rann. Vor allem aber spürte ich eine allumfassende Traurigkeit.

Es war in diesem kleinen, billigen, schäbigen türkischen Restaurant, als ich verstand, was mir der Krieg angetan hatte. Als ich sein volles Ausmaß erkannte. Als ich von seiner Gewalt verführt wurde. Noch lange bevor seine Kugeln unsere Körper erreichen, erreichen sie unsere

Seele und reißen tiefe Löcher in das, was wir sind und sein wollen.

Ich half meinem Kollegen auf, klopfte ihm den Staub von der Kleidung und entschuldigte mich. Wenige Wochen später brachte mich ein Schlepperboot nach Europa.

Junge Araber sind gewaltbereit. Aber nicht so, wie das Europäer meinen. Sie sind bereit, sich mit Gewalt auseinanderzusetzen. Sie müssen es sein, denn sie haben diese Gewalt jahrelang erfahren, sie ist Teil ihres Lebens geworden, wie ein oft gehörtes Musikstück, das einem nicht mehr aus dem Kopf geht. In meiner syrischen Heimat war es Gewalt, die uns die Sicherheit nahm, und gleichzeitig war Gewalt die einzige Möglichkeit, uns sicher zu fühlen. Denn der Stärkere war sicher.

Wir alle suchen nach Wegen, damit umzugehen. Für mich sind meine Erzählungen eine Möglichkeit, mich davon zu befreien. Andere suchen sie in Familien, leider auch in der Stärke von kriminellen Großfamilien. Eines weiß ich sicher: Wir fühlen uns mindestens genauso unsicher wie jeder »besorgte Europäer«, der nicht möchte, dass Araber in die Wohnung neben ihm einziehen. Es ist diese Unsicherheit, die zurück zur Gewalt führt. Und es ist diese Gewalt, vor der wir fliehen, selbst in unseren Träumen. Wie jeder Widerspruch ist auch dieser zutiefst menschlich.

Mein Traum war so einer. Er läuft immer gleich ab: Wir steigen also aus dem Bus und stehen den Soldaten gegenüber. Plötzlich hören wir aufgeregtes Gerede. Ein Auto wurde angehalten und ebenfalls kontrolliert. Im Kofferraum finden die Soldaten Waffen, versteckt unter einem doppelten Boden. Der Soldat mit dem erbarmungslosen Gesicht ist nicht mehr an uns interessiert. Der Schlepper deutet uns mit einem Kopfnicken, zu verschwinden.

»Pässe!«, zische ich beinahe lautlos. Ohne Pässe sind wir aufgeschmissen und die Soldaten kennen unsere Identität.

Der Schlepper greift in seine Tasche und zieht unsere Pässe heraus. Er muss sie dem Soldaten abgenommen haben, als dieser unaufmerksam war. Er drückt mir meinen Pass in die Hand und deutet mir noch einmal, schleunigst abzuhauen. Ich beginne zu gehen. Ganz langsam. In meinem Rücken höre ich die Soldaten noch immer laut argumentieren. Ich weiß, wenn ich anfange zu laufen, werden sie auf mich schießen. Also setze ich behutsam einen Fuß vor den anderen. Mein Herz will bereits vorauslaufen, es springt mir beinahe aus der Brust. Der Weg bis zur nächsten Seitengasse scheint endlos, wird mit jedem zurückgelegten Meter um zwei länger. Ich bin mir sicher, dass ich für den Rest meines Lebens gehen werde. Dass ich nie ankommen werde, dass kein Weg herausführt aus diesem Syrien. Gefangener der Maschine.

»Hey, Omar, wach auf.«

Ich spüre eine Hand, die kräftig an meiner Schulter rüttelt. Verschlafen reibe ich mir die Augen. Doch ich bin nicht mehr in Damaskus, auch nicht mehr im Flüchtlingsheim. Ich liege in einem weichen, warmen Bett, neben mir Alena.

»Du hast im Schlaf gesprochen«, meint Alena, als ich sie verwirrt anblicke. »Du wolltest, dass ich dich aufwecke.« Sie wirkt besorgt. »Hattest du wieder einen deiner Albträume?«

»Ja«, sagte ich. »Aber es ist schon besser.«

Und das stimmt. Obwohl ich noch immer ab und zu von der Angst träume, von der Gewalt und dem Krieg, verschwindet all das, wenn ich aufwache. Denn es sind Menschen um mich, die mich lieben. Die zu meiner neuen Heimat geworden sind. Die mich wissen lassen: Du bist in Sicherheit.

Danke – aber wofür?

*Zum Menschsein gehören Widersprüche und Fehler. Während
rechte Politik Geflüchtete und Migranten bloß auf ihre Fehler
reduziert, traut sich linke Politik meist gar nicht erst, Probleme
innerhalb von migrantischen Communitys anzusprechen. Zu groß
ist die Angst, damit den Rechten in die Hände zu spielen. Diese
Angst ist nicht völlig unbegründet, doch auf lange Sicht
verschlechtert sie die Sache nur und treibt erst recht
Wähler in die Hände der Rechten. Was tun?*

Der Saal war gut gefüllt, die Leute blickten interessiert von
unten herauf. Bisher kannte ich das nur von eigenen Lesungen. Heute jedoch war ich in einer anderen Rolle hier:
Ich moderierte die Lesung der österreichischen Journalis-
tin und Autorin Eva Reisinger.

In ihrem Buch »Was geht, Österreich?« beschäftigt sie sich
mit dem Aufwachsen in einem österreichischen Dorf. Sie
erzählt darin vom Feiern in Dorfdiscos und von Sonntagen
mit konservativen Familien. Einem Leben also, das mir als
Syrer ziemlich fremd ist. Sie schreibt auch darüber, wie viel
Fremdenfeindlichkeit auf dem Land herrscht. Obwohl die
meisten Menschen aus diesem kleinen Dorf noch nie einen
Ausländer zu Gesicht bekommen haben, sind sie überzeugt,
alle Fremden seien kriminell. Das Buch ist wichtig, weil es
zu erklären versucht, woher diese Vorurteile und der Rassismus kommen, die sich in Parteien wie der FPÖ sammeln.

Eva Reisinger kritisiert also die Österreicher und bekommt dafür zu Recht viel Aufmerksamkeit. Sie spricht Pro-

bleme an, die ein friedliches Miteinander erschweren. Nachdem ihre Lesung geendet hatte und wir uns verabschiedeten, gab es lauten und langen Applaus. Als ich nach der Veranstaltung auf dem Heimweg war, musste ich darüber nachdenken, wie die Reaktionen ausgefallen wären, wäre ich auf dieser Bühne gestanden. Wenn ich davon erzählt hätte, dass es noch viele Probleme innerhalb der arabischen Community gibt, mit denen wir zu kämpfen haben. Junge Männer, die zerrissen sind zwischen den Vorstellungen ihrer Familie, die sie nicht erfüllen können, und den Versprechungen von liberalen Demokratien. Mädchen, die als mutig gelten, wenn sie das Kopftuch tragen, aber kritisiert werden, wenn sie es ablegen wollen. Väter, die es nicht tolerieren, wenn ihr Sohn einen anderen Mann liebt, oder Mütter, die nicht wollen, dass ihre Kinder jemanden heiraten, der nicht die gleiche Religion oder Herkunft hat. Wenn ich von Imamen berichten würde, die davon erzählen, wie falsch das Leben in einem demokratischen Rechtsstaat ist. Hätte das Publikum, das zuvor noch Beifall geklatscht hat, mich ausgepfiffen?

Für sie, meist Österreicher mit einem guten Job und Universitätsabschluss, ist es kein Problem, ihre Landsleute als Nazis zu bezeichnen. Wenn allerdings jemand die arabische Community kritisiert, gilt er schnell als rassistisch oder islamophob. Fast, als wären wir Geflüchteten keine Menschen, die für ihr Tun Verantwortung übernehmen können, sondern bloß bemitleidenswerte Opfer, um die man sich kümmern muss.

Dabei meinen es diese Menschen gut. Sie haben Angst, dass jede Kritik Rassisten von Parteien wie der FPÖ Gründe liefern würde, Stimmung gegen Ausländer zu machen. Und sie haben nicht ganz unrecht. Aber langfristig spielt es fremdenfeindlichen Parteien nur in die Hände, wenn man so tut, als gäbe es keine Probleme innerhalb der arabischen und muslimischen Community.

Ich habe die Reaktionen auf solche Kritik schon am Beispiel der jungen Türkin Lale Gül beschrieben. Menschen aus ihrer Community werfen ihr vor, sie wolle sich durch ihre Geschichte bloß bei den »weißen Rassisten« beliebt machen. Und auch gutmütige Österreicher verschließen die Augen, wenn es darum geht, Probleme innerhalb von Minderheiten anzusprechen. Sie haben recht, wenn sie denken, dass Minderheiten oft unter einer ungerechten Vorverurteilung leiden. Aber sie liegen falsch, wenn sie deswegen Minderheiten in eine ewige Opferrolle drängen, aus der heraus sie nichts falsch machen können. Das ist nicht nur gefährlich und spielt rechtsextremen Parteien in die Hände. Vor allem ist es auch entwürdigend. Es gehört für mich zum Menschsein dazu, dass jemand sagt: »Omar, du hast Blödsinn gemacht!«

Es kann sein, dass ich diesen Blödsinn in Syrien gelernt habe oder vorgelebt bekam. Dann muss ich darüber reflektieren, ob es nicht vielleicht doch besser wäre, bestimmte Traditionen oder Verhaltensmuster zu verändern oder aufzugeben. Ich muss mich selbst für mein Verhalten entscheiden können und darf nicht bloß das Produkt von falscher Integrationspolitik oder bösen Vorurteilen sein. Die spielen alle eine Rolle, aber ich selbst muss letztlich Verantwortung übernehmen. Ich muss etwas falsch machen können. Und ich muss daraus lernen und mich verändern können. Das macht mich zu einem Menschen.

Doch auf diese differenzierte Betrachtungsweise stoße ich nur selten. Begeht ein Migrant ein Verbrechen, dann ist er für die Rechten wie alle anderen Migranten: von Natur aus ein Verbrecher. Er kann sich nicht ändern. Daher weist man ihn am besten mit allen anderen aus. Für die Leute am anderen Ende des politischen Spektrums ist er hingegen ein armes Opfer, das eigentlich gar nichts dafür kann und bloß von den gesellschaftlichen und politischen Umständen zu dieser Tat getrieben wurde. Die Integrationspolitik ist schuld, die Regierung und die Medien. Dabei stimmt weder das eine noch das andere. Migranten haben nicht irgendeinen besonderen Wesenszug, der sie von Natur aus kriminell oder gewalttätig macht. Und sie werden zwar von der Gesellschaft um sie herum beeinflusst, sind ihr aber nicht hilflos ausgeliefert. Am Ende entscheiden sie noch immer selbst über ihre Handlungen und sind sich durchaus bewusst über die unterschiedlichen kulturellen Gepflogenheiten, die in Europa herrschen.

Ich möchte nicht beide Sichtweisen auf eine Stufe stellen. Der Rassismus und die Fremdenfeindlichkeit der Rechten sind zutiefst menschenverachtend und gehören nicht in ein Land, das sich selbst als demokratisch und aufgeklärt begreift. Doch die paternalistische Art vieler Menschen, die eigentlich gute Absichten haben, treibt auf lange Sicht den Rechtsextremen bloß Wähler zu, die sich nicht erklären können, warum niemand die Probleme anspricht, die es auch innerhalb von Minderheiten gibt und offensichtlich sind.

Kurz nachdem ich mein erstes Buch *Danke!* veröffentlicht hatte, wurde ich auf *Facebook* von einer Person markiert. Ich klickte darauf und gelangte zu einem Artikel über die Abschiebung von zwei jungen Mädchen aus Österreich, obwohl sie hier zur Schule gingen, gut Deutsch sprachen und viele Freunde hatten. Jemand hatte »Danke dafür« geschrieben und mich markiert.

Ich glaube ja, dass diese Person, genauso wie viele andere, *Danke!* gar nicht gelesen hat. Denn sonst würden sie verstehen, dass ich darin genauso von rassistischen Erfahrungen erzähle, die ich gemacht habe. Aber ich habe eben auch viele Österreicherinnen und Österreicher getroffen, die mir aus tiefer Überzeugung helfen wollten. Und bei denen wollte ich mich bedanken.

Eine Dichterin hat mir mal gesagt, nach meinen Büchern könne ich an einem Veranstaltungsort im 16. Bezirk von Wien, Ottakring, nicht mehr auftreten. Die Betreiber dort wollen nicht hören, was ich zu sagen habe. Es passt nicht zu dem, was sie »linke Politik« nennen. Ich darf also meine Geschichte nicht erzählen, weil sie nicht in die Agenda irgendwelcher Österreicher passt, die behaupten, sie wollen Menschen wie mir eine Stimme geben. Aber offenbar nur, wenn diese Stimme sagt, was sie hören wollen.

Dankbarkeit und Kritik schließen einander nicht aus. Ich kann Kritik an einem System üben, mich allerdings bei den Menschen bedanken und sie respektieren. Genau das Gleiche gilt übrigens auch für den Umgang mit Religion und Kultur: Ich kann bestimmte religiöse oder kulturelle Traditionen kritisieren, den Menschen dahinter jedoch respektieren und achten.

Ich wollte damit eine neue Stimme in diese einseitige Diskussion bringen, die es noch nicht gab: meine Stimme. Jeder Versuch, mir diese Stimme wegzunehmen, wird nicht gelingen. Ein guter Freund hat mir mal ein Lied vorgespielt, von dem mir eine Strophe im Gedächtnis geblieben ist: »Wenn du nach mir suchst, wirst du mich nicht finden. Und wenn du mich findest, bin ich es nicht.« Das erklärt gut die Vorstellung, die ich von mir als Künstler habe: Ich möchte mich nicht vereinnahmen lassen, von keiner Community, von keiner Politik. Ich möchte erzählen, was ich erlebt habe, was ich gefühlt und empfunden habe.

An einem warmen Abend im Spätsommer las ich bei einem Literaturfestival im Wiener Museumsquartier zusammen mit anderen Migranten und Migrantinnen in einer größeren Runde. Vor mir kam ein afghanischer Poet an die Reihe. Er begann seine Lesung mit: »Ich bin nicht der, den jeder Politiker kennt, und ich bin stolz darauf.« Während er las, warf er mir immer wieder provozierende Blicke zu. Es war klar, gegen wen sich seine Botschaft richtete. In meinen Social-Media-Profilen findet sich der ironische Spruch: »Der, den jeder Politiker kennt.« Ich habe das bereits 2017, also noch vor der Veröffentlichung meines ersten Buches, geschrieben. Damals fand ich es amüsant, wie jeder Politiker Flüchtlinge für sich vereinnahmen wollte. In den Medien war immer von »den Flüchtlingen« die Rede, so als ob wir alle die gleichen Wünsche, Vorstellungen und Erfahrungen hätten. Offenbar kannte jeder Politiker in Österreich »den Flüchtling« und wusste, was er wollte und wie man mit ihm umgehen musste. Der Flüchtling Omar war der, den jeder Politiker kannte. Aber den Menschen Omar, den kannte niemand. Niemand machte sich die Mühe, ihn kennenzulernen. Und so ging es nicht nur mir, sondern auch den zahlreichen anderen Menschen, die auf ihrer Flucht nach Europa gekommen waren. Wir waren Flüchtlinge, keine Menschen. Das war eine Motivation für mich, mein erstes Buch zu veröffentlichen.

Doch vielen, so auch diesem Dichter, hat mein Buch *Danke!* nicht gefallen. Ein Syrer, der sich bei Österreichern, diesen Rassisten, bedankt? Das widerspricht doch seinen eigenen Interessen! Er ignorierte die Ironie meines Spruchs und interpretierte ihn anders: einer, der den österreichischen Politikern gefallen will. Und der sich dafür bei den Menschen bedankt, die gegen seine eigenen Leute sind. Dabei versuche ich, genau diese Trennung in wir und andere zu vermeiden. Ich fühle mich beiden Seiten zugehörig. Ich bin Araber, Syrer, Muslim, aber ich bin auch Europäer und Österreicher – nicht nur, weil ich hier lebe, die Sprache spreche, auf Deutsch Bücher schreibe, mit einer Österreicherin einen Sohn habe, sondern auch, weil ich für Demokratie, Rede-, Meinungs- und Religionsfreiheit bereits in Syrien gekämpft habe, noch lange bevor ich hierhergekommen bin, wo sich Menschen an diesen wunderbaren Freiheiten erfreuen können.

Weil ich Österreich als meine neue Heimat sehe, würde ich auch gerne die österreichische Staatsbürgerschaft annehmen. Denn erst mit dieser kann ich in diesem Land mitbestimmen. Das ist doch ein fairer Deal: Ich versuche, mir hier etwas aufzubauen, und dafür werde ich von der Gesellschaft als Bürger anerkannt. Doch bereits bei meinem ersten Gespräch mit einer Beamtin, die mir Auskunft über das Verfahren gab, stellte ich fest, wie groß die Hürden dazu sind.

Ich erklärte ihr lang und breit mein Anliegen. Sie schaute mich nur an und meinte: »Sie brauchen einen Deutschnachweis.«

»Wofür?«, fragte ich.

»Damit wir wissen, dass Sie die Sprache können.«

Verdutzt schaute ich sie an. »Verstehen Sie mich?«

»Ja«, sagte sie, mit der neutralsten Beamtenstimme.

»Wofür brauchen Sie dann einen Nachweis?«

Sie zuckte nur mit den Schultern. »Ist so Gesetz.«

Nicht nur einen Sprachnachweis muss man erbringen, auch einen Test über österreichische Geschichte und Kultur muss man ablegen, den die meisten Österreicher sicher nicht bestehen würden. Aber denen ist dieses Wissen offenbar angeboren.

Die Tests wären ja zu verkraften, aber noch dazu kostet die Staatsbürgerschaft ein paar Tausend Euro. Deswegen habe ich so große Probleme mit dem Wort »Integration«. Es wird ständig gefordert: »Integriere dich«, aber egal wie sehr du dich bemühst, du wirst nie ein »richtiger« Teil der Gesellschaft, außer du verfügst über genügend Geld und Zeit – denn die brauchst du, wenn du die österreichische Staatsbürgerschaft erlangen willst.

Es ist doch verrückt: Der Staat will, dass wir zu guten Bürgern werden. Gleichzeitig stellt er uns große Hürden in den Weg, wenn wir diesen Status als gute Bürger offiziell machen wollen. Wie sollen wir uns da heimisch fühlen?

Nach meinem Buch *Danke!* dachten viele, ich hätte die österreichische Staatsbürgerschaft geschenkt bekommen und dafür würde ich mich bedanken. Doch wie bereits geschrieben bedeutet Dankbarkeit nicht, kritiklos alles hinzunehmen. Das österreichische System macht es Migranten und Geflüchteten schwer, Anschluss zu finden. Das System fordert, dass wir Österreich, seine Werte und Kultur, akzeptieren, ohne allerdings uns zu akzeptieren. So wird ein Zusammenleben immer schwieriger. Man lebt aneinander vorbei.

Besonders traurig machte es mich, als ich erkannte, dass mich selbst jene Seite zu instrumentalisieren versuchte, die vorgab, mich unterstützen zu wollen. Von einigen Bühnen, die sich selbst als »links« bezeichnen, werde ich nicht mehr eingeladen, weil ich nicht eine Stunde darüber spreche, wie schlecht die Österreicher sind und wie moralisch falsch sie handeln. Ich kritisiere Rassismus, Fremdenhass und Vorurteile. Ich spreche davon, wie viele Fehler die Politik im Umgang mit Geflüchteten macht und wie wenig Raum sie uns gibt, um uns und unsere Anliegen selbst zu vertreten. Doch genauso spreche ich Probleme und Missstände innerhalb der arabischen und muslimischen Community an. Das aber erschüttert die heile Welt dieser Leute.

Es lebt sich besser blind in einem vertrauten Raum, in dem man sich so gut zurechtfinden kann, dass einen die

Blindheit gar nicht mehr stört, als sich an einem Ort zurechtfinden zu müssen, der dunkel ist und fremd und jeden Tag seine Gestalt ändert. Das aber ist die Welt, in der wir leben. Nicht einfach, nicht geordnet, sondern groß, beängstigend, nicht in einfache Kategorien wie Gut und Böse einzuteilen.

In der Einleitung zu diesem Buch habe ich von einem Musiker erzählt, der mich ebenfalls für mein Buch *Danke!* kritisiert hat. Als ich bei einem Freund im Auto mitfuhr, wir waren auf dem Weg zu einer Lesung, hörte ich plötzlich seine Musik aus dem Radio kommen.

»Was ist das für eine Musik?«, fragte ich ihn, weil ich wusste, dass er eigentlich keine Ahnung von arabischer Musik hatte.

»Ich weiß nicht«, meinte er nur. »Ist ein Sender, den ich oft höre.«

Als ich weiter zuhörte, erkannte ich, dass es sich um einen Sender handelte, den ich selbst gerne höre, der exotischen Themen Sendezeit gibt und der aus politischen Gründen niemals einen rechten »Volks-Rock'n'Roller« wie Andreas Gabalier senden würde. Aber der gleiche Sender spielte einen arabischen Musiker, der im privaten Leben Österreicher abfällig als »Schweinefresser« bezeichnet und der seinem zehn Jahre alten Sohn beibringt, auf Arabisch zu Österreichern zu sagen: »Ihr seid Hurensöhne.« Würde ihn dieser Sender spielen, wenn die Verantwortlichen das wüssten? Oder würden sie das als berechtigte Kritik am westlichen Rassismus und Kolonialismus sehen?

So wie für Rassisten hinter der Herkunft eines Migranten alles Gute verschwindet, versteckt sie für wohlmeinende Bildungsbürger all seine schlechten Seiten. Was dabei verloren geht, ist der Mensch. Das, was ihn ausmacht. Seine Widersprüche aus wunderschöner, sanfter Musik und seinen ebenso rassistischen Vorurteilen gegenüber Österreichern werden ignoriert, verdrängt. Es sind diese Widersprüche, die Menschen Angst machen. Gut oder schlecht, weiß oder schwarz. Leicht zu verstehen, leicht zu entscheiden. Damit werden jede Introspektion und Reflexion verhindert.

Ich versuche nicht nur, Aufklärungsarbeit für Österreicher zu leisten, sondern genauso innerhalb der arabischen Community auf Verhaltensweisen hinzuweisen, die nicht in Ordnung sind. Neben solchen Vorurteilen gehört dazu etwa auch, nach außen hin Religionsfreiheit zu fordern, die es allerdings nicht bis in die eigene Community schafft.

Oft begegnen mir in Chats auf Social Media oder auch bei persönlichen Treffen Menschen, die lautstark meinen: »Das Kopftuch zu verbieten, ist islamophob und rassistisch!« Das denke ich auch. Meist diskutieren männliche Politiker darüber, ob man ein religiöses Symbol von Frauen verbieten soll, ohne diesen Frauen eine Stimme zu geben. Das ist ungerecht und diskriminierend und eines liberalen Staates unwürdig. Doch genau dieselben Leute machen Fotos von jungen muslimischen Frauen ohne Kopftuch, posten diese auf *Facebook* und fragen, was denn mit ihnen los sei. Ob sie vom richtigen Weg abgekommen seien. Diese Leute benutzen liberale und demokratische Rechte also nur, wenn sie ihren eigenen Absichten nutzen. So etwas muss endlich aufhören!

Ich finde es mutig, wenn eine Muslima sich in dem gegenwärtigen Klima dafür entscheidet, ein Kopftuch zu tragen. Doch genauso mutig ist sie, wenn sie sich dazu entscheidet, es abzulegen. In beiden Fällen verdient sie die Unterstützung von uns allen, egal ob Österreicher oder Araber.

Ich habe selbst erlebt, wie scheinheilig die Debatte über das Kopftuch auch innerhalb der arabischen Community geführt wird. Arabische Männer, die aus der Community kommen und sie zum Teil auch politisch vertreten, kritisieren das Kopftuchverbot. Gleichzeitig fotografieren sie junge Musliminnen, wenn diese ohne Kopftuch unterwegs sind oder Bier trinken. Dann schicken sie diese Fotos herum und schreiben: »Das kann keine richtige Muslima sein.« Bei der Kritik am Kopftuchverbot geht es solchen Männern nicht um die Freiheit der Frau, sondern es geht ihnen bloß darum, ihre Vorstellungen von einer »guten Frau« durchzusetzen.

Vor allem müssen wir aufhören, nur eine bestimmte Art von Geschichte zuzulassen: jene, die in unsere Weltanschauung passt. Nach *Danke!* kamen viele meiner Freunde zu mir und fragten: »Wofür bedankst du dich?«

Ich habe nur gemeint: »Lies doch das Buch.«

Nachdem ich wegen dem Buch viel mediale Aufmerksamkeit bekommen hatte, lud mich ein Verein, der es sich zum Ziel gesetzt hat, für einen Dialog zwischen der österreichischen und der arabischen Kultur zu sorgen, ein, Vorträge zu halten. Als ich mich mit dem Verantwortlichen traf, meinte er: »Du kannst über alles sprechen, nur bitte nicht über Religion und Politik.«

Ich lachte, doch dann merkte ich, dass er ernst geblieben war.

»Hast du mein Buch gelesen?«, fragte ich ihn. »Weißt du, worüber ich schreibe? Was soll ich denn sonst lesen?«

»Liebesgedichte«, meinte er nur.

Der »Dialog«, den dieser Verein fördert, besteht aus nationalistischen Liebesgedichten, die verklären, aber nie hinterfragen oder kritisieren. Wenn er dieses Buch lesen sollte, wird er vielleicht verstehen, dass gerade Liebesgedichte immer von Politik und Religion handeln. Denn unsere Liebe muss sich noch immer gegen politische und religiöse Zwänge behaupten.

Auch nach diesem Buch werden viele Menschen, Araber wie Österreicher, zu mir kommen, ohne es wirklich gelesen zu haben, und fragen: »Wie kannst du nur Kritik an deiner eigenen Community üben?«

Ich werde ihnen dieses Buch in die Hand drücken und antworten: »Lies es. Und wenn du etwas nicht verstehst oder anderer Meinung bist, lass mich Tee für dich aufkochen, lass mich dich einladen, nimm Platz mir gegenüber auf der Couch und lass uns ein paar Stunden darüber reden.«

Einigen wird das nicht genug sein. Doch einer der Gründe, vielleicht der wichtigste, warum ich aus Syrien nach Europa geflüchtet bin, ist der, dass ich hier meine eigene Geschichte erzählen kann. Ich kann erzählen, was ich erlebe und fühle, was ich denke und wovon ich träume, was ich für richtig halte und für falsch. Ich brauche keine Angst zu haben, dass mich Soldaten aus dem Schlaf reißen, auf die Straße zerren und dort erschießen. Davor, dass mich mein Nachbar bei der Geheimpolizei verrät oder dass jemand meine versteckten Notizen findet.

Zumindest dachte ich das. Doch als ich angefangen habe, an diesem Buch zu arbeiten, hörte ich von einigen Leuten aus der Community: »Du wirst nicht mehr ohne Schutz aus dem Haus gehen können. Du wirst umziehen müssen und deine Kontakte abbrechen. Es wird dir so ergehen wie Lale Gül.« Aber genau aus dem gleichen Grund, aus dem ich in Syrien auf die Straße gegangen bin, trotz der Gefahr, erschossen zu werden, schreibe ich dieses Buch. Ich tue es, um zwei Worte zu sagen, die für mich alles sind: Frieden und Freiheit.

Ich werde meine Geschichten erzählen, solange eine junge Muslimin nicht frei und ohne äußeren Druck entscheiden kann, ob sie ein Kopftuch tragen will oder nicht.

Solange fundamentalistische Imame verkünden, dass europäisches Recht für einen Muslim nicht gilt.

Solange mein alter Schulfreund nicht heiraten kann, wen er möchte.

Und solange mir Menschen erklären wollen, was ich schreiben darf und was nicht.

Morgen ist schöner

Es ist zwölf Uhr, Mittagszeit. Die Arbeiter machen gerade Pause, die Kinder kommen aus der Schule, das Wochenende ist zum Greifen nahe. Untermalt wird all das von einem arabischen Sprechgesang, der aus einem Lautsprecher dringt. Es ist der Muezzin, der muslimische Vorbeter, und er ruft aus der Moschee heraus die Gläubigen zum Freitagsgebet, dem wichtigsten Gebetstag der Muslime. Dieser Ruf wird auf Arabisch aḏān genannt.

In Syrien und allen anderen muslimischen Ländern spielt sich diese Szene jeden Tag ab. Seit Oktober 2021 zumindest jeden Freitag auch im deutschen Köln. Die Stadt hat entschieden, dass es die verfassungsrechtlich verankerte Religionsfreiheit den Muslimen zugesteht, zum Freitagsgebet zu rufen. Der Ablauf von solch einem Aufruf ist klar geregelt. Die Moschee muss bereits im Voraus mit Flyern über das Vorhaben informieren, Fragen beantworten und Beschwerden entgegennehmen. Dann darf der Muezzin zwischen zwölf und 15 Uhr fünf Minuten lang zum Gebet rufen. Die Lautstärke wird je nach Größe der Moschee und der Lage der Nachbarschaft angepasst. Seit 8. Oktober 2021 können Anträge auf so einen Gebetsruf gestellt werden. Laut der Stadt Köln haben zwar schon einige Moscheen Interesse bekundet, aber nach einer Woche ist noch kein Antrag auf Genehmigung eingegangen.

Noch ist es also ruhig in Köln. Doch die Kritik ist bereits groß. Während Befürworter den Ruf zum Freitagsgebet mit den sonntäglichen Kirchenglocken vergleichen, sprechen

Kritiker von Lärmbelästigung und einem zu großen Raum, der dem Islam eingeräumt wird. Sonntägliches Glockenläuten, das ist eine jahrhundertealte Tradition. Dem Islam ein ähnliches Recht einzuräumen, bevorzugt ihn entweder vor anderen Religionen wie dem Judentum und dem Hinduismus oder es wird allen Religionen Tor und Tür geöffnet. Dann ist das eigene Wort bald nicht mehr zu verstehen vor lauter Geschrei.

Was ich darüber denke? Ich denke, diese Debatte ist völlig sinnlos. Wieder einmal wird um ein Symbol gestritten, das letztlich außer ein paar Leuten, die genau zwischen zwölf und 15 Uhr ihren Mittagsschlaf halten wollen, niemanden stören wird. Die viel wichtigeren, unbequemen Fragen bleiben einmal mehr unbeantwortet: Welcher Islam wird in den Moscheen gepredigt? Für welche Werte steht er ein? Wie positioniert er sich gegenüber Demokratie, Feminismus und Menschenrechten? Welche Imame verkünden die Botschaft des Koran und wo werden sie ausgebildet?

Anders als Österreich mit der *IGGÖ* hat Deutschland keine Institution, die ein Mitspracherecht bei der Ausbildung von Imamen besitzt. Die meisten werden im Ausland ausgebildet, um dann in Deutschland zu predigen.

Die deutsche Publizistin Necla Kelek, selbst in Istanbul geboren und aufgewachsen, übt Kritik an dem, was in den Moscheen vorgeht. Sie meint, solange eine strikte Geschlechtertrennung erfolgt, die Welt in Gläubige und Ungläubige eingeteilt wird oder Demokratie als »unislamisch« gilt, ist der Islam noch nicht so weit, um vom deutschen Staat gefördert zu werden.

Mit dem Verein *DITIB* hat die größte sunnitisch-islamische Organisation Deutschlands ihren Sitz in Köln. Die Imame dieser Organisation sind Beamte des türkischen Staates. Bei der Einweihung der Zentralmoschee in Köln, die dreißig Millionen Euro gekostet hat und über tausend Menschen Platz bietet, kam 2018 sogar Präsident Erdoğan persönlich. Als die türkische Religionsbehörde *Diyanet*, die der *DITIB* nahesteht, in der Türkei einen Comic für Kinder herausbrachte, in dem Eltern ihren Kindern erklären, wie erstrebenswert der Märtyrertod sei, gelang es der *DITIB* nicht, sich entschieden davon zu distanzieren. Daraufhin begann der Verfassungsschutz, gegen die *DITIB* zu ermitteln.

Viel wichtiger als die Frage, ob jeden Freitag ein Muezzin fünf Minuten zum Gebet rufen darf, ist also, was in den Moscheen eigentlich gepredigt wird. Welchen Islam haben wir in Europa und welchen wollen wir?

Eines der größten Vorurteile gegenüber dem Islam ist, dass er nie eine Aufklärung erfahren hat. Anders als in Europa hätten sich Politik und Religion in der arabischen Welt nie wirklich voneinander getrennt. Kritik und selbst Satire werden im Islam nicht selten mit Gewalt bestraft. Wie ist da Veränderung möglich? Wie soll so ein Islam vereinbar sein mit dem »aufgeklärten Europa«?

Die Geschichte des Islam ist lange und kompliziert. Genauso wie die Geschichte Europas und des Christentums. Die Aufklärung ist ein europäisches Phänomen, das es in keiner anderen Kultur gab. Aber es gab in vielen Kulturen ähnliche Bewegungen, auch im Islam.

Bereits im 11. Jahrhundert, also lange vor der europäischen Aufklärung, waren viele Gelehrte des Islam der Meinung, Traditionen und Überlieferungen dürften nicht kritiklos hingenommen werden. Es gab sogar ein Wort dafür: *taqlid*. Taqlid bedeutet, »gebunden« zu sein an Überzeugungen, die man nicht kritisch hinterfragt. Jemand, der als taqlid galt, konnte kein Gelehrter sein. Doch das ist lange her und manchmal bleiben wir hinter unserer eigenen Geschichte zurück.

Das 20. Jahrhundert durchzog die meisten muslimischen Länder mit Kriegen, Kolonisation und Diktaturen. Unser Glaube war das Einzige, an dem wir in all diesen Momenten des Zweifels und der Angst festhalten konnten. Er half vielen Muslimen dabei, sich gegen mächtigere Länder zu behaupten. Doch es wurde verpasst, diesen Glauben dafür zu nutzen, friedliche Gemeinden zu schaffen. Stattdessen benutzen ihn religiöse und politische Führer bis heute dazu, Macht anzuhäufen, indem sie den religiösen Eifer der Menschen in blinde Gewalt verwandeln.

Es ist schwierig, in Ländern wie Syrien aus diesen Mustern auszubrechen. Zu tief sind sie in unserer Gesellschaft verankert. Solange dort Hass und Krieg herrschen, sind Veränderungen kaum möglich. Gerade deshalb ist Europa eine große Chance für die muslimische Community. Wir müssen aufhören, Europa als den Ort des Unglaubens und der Sünde zu betrachten, der uns unserer »eigentlichen« Heimat mit jedem Tag stärker entfremdet. Wir müssen unser neues Leben hier als Möglichkeit begreifen, innerhalb von Demokratien mit Presse-, Meinungs- und Religionsfreiheit, in denen gegen Geschlechterungerechtigkeit und sexuelle Unterdrückung gekämpft wird, an einem Islam zu arbeiten, der all diese demokratischen Werte auch als seine Werte begreift.

Ich weiß, dass es möglich ist, weil ich viele Muslime getroffen habe, die sich genau das wünschen. Die wissen, dass nur so ein friedliches Zusammenleben möglich ist.

Wenn ich in Syrien etwas zu kritisieren versuchte, bekam ich schnell zu hören: »Das ist heilig, darüber verlieren wir kein schlechtes Wort.« Alles war heilig: die Geschichte, die Worte des Imams, für viele sogar das Wort des Diktators Assad. Doch diese Heiligkeit verhindert eine Auseinandersetzung. Wir müssen unsere Kinder viel stärker dabei unterstützen, Fragen zu stellen, Dinge zu kritisieren, ihre eigenen Gedanken einzubringen.

Der syrische Denker Mohammad Habash hat vor dem Bürgerkrieg versucht, einen solchen Islam zu etablieren. Er meinte, es gäbe zwei Entwicklungen des modernen Islam: entweder in die Richtung des Sufismus oder in jene des Wahhabismus.

Der Sufismus ist eine mystische Tradition, die den Islam als eine Botschaft des Friedens interpretiert, in der die persönliche Verbindung des Gläubigen mit Gott und seine individuelle Entwicklung im Vordergrund stehen. Der Wahhabismus hingegen, wie er etwa in Saudi-Arabien herrscht, unterstützt konservative Interpretationen des Koran und hält sie für unverrückbare Wahrheiten. Diese Strömung ist nicht vereinbar mit Demokratie, Gleichberechtigung oder Kritik.

»Der Koran ist unser Licht«, sagte Habash einmal, »nicht unsere Fessel.« Anstatt unsere heilige Schrift dazu zu nutzen, Verbote zu erteilen und alte Machtstrukturen zu festigen, sollte uns ihre Botschaft Stärke und Mut geben, uns selbst zu verwirklichen und friedlich miteinander umzugehen.

In diesem Buch habe ich versucht, viele Probleme, die wir innerhalb der arabisch-muslimischen Community haben, anzusprechen. Ich wollte zeigen, welche Vorstellungen bloße Vorurteile sind und welche einen wahren Kern haben. Genauso wollte ich zeigen, welchen Ursprung diese Probleme haben und wie wir sie lösen können.

Wir brauchen innerhalb der muslimischen Community eine viel freiere Erziehung und die Möglichkeit, Traditionen zu hinterfragen und aus ihnen auszubrechen. Wir müssen das Leben im Westen als Chance begreifen, die Gewalt und den Hass, die uns erst hierhergetrieben haben, zurückzulassen. Wir müssen damit aufhören, junge Muslime, die anders leben wollen, mit Schuld zu überhäufen, bis sie innerlich zerrissen werden zwischen ihren Wünschen und den Vorstellungen ihrer Gemeinschaft.

Wir müssen denselben Mut, den wir in den Straßen von Damaskus, Bagdad oder Kabul jeden Tag bewiesen haben, den wir auf unserer Flucht gezeigt haben, auch beweisen, wenn es darum geht, uns mit unseren eigenen Denkmustern und Weltbildern auseinanderzusetzen.

Wir müssen viel stärker für die Rechte der Frauen eintreten. Wir dürfen sie nicht bloß als Symbol benutzen, um europäische Kritiker zu besänftigen, sondern müssen ihnen

Raum zur Entfaltung bieten. Musliminnen müssen sich selbst dafür entscheiden können, wie sie ihr Leben führen wollen – frei vom männlichen Blick, der ihre »Ehre bewahren« will. Männer müssen aufhören, für sie zu sprechen, und sie selbst sprechen lassen.

Wir dürfen europäische Länder nicht länger, wie fanatische Prediger meinen, als Orte der Sünde und des Verfalls betrachten. Dafür müssen uns diese Länder aber auch die Chance bieten, unsere Kultur in das europäische Lebensmodell einzubringen.

Wir müssen den innermuslimischen Dialog ausbauen und endlich alte Vorurteile fallen lassen. Wir dürfen die Fehden zwischen Sunniten und Schiiten, zwischen Kurden und Türken, zwischen Sufisten, Aleviten und allen anderen Strömungen nicht nach Europa importieren. Nach einem demokratischen Verständnis müssen wir andere Überzeugungen tolerieren, solange sie unsere geistige oder körperliche Gesundheit nicht gefährden.

Genau das ist es ja, was wir von den Europäern auch fordern: Toleriert unsere Religion, toleriert Musliminnen mit Burka und Hidschab, toleriert unsere Bräuche und Traditionen.

Dabei merke ich oft, wie konstruktive Gespräche bereits an der Diskussionskultur scheitern. Spreche ich mit Muslimen, die nicht schon von meiner Sicht der Dinge überzeugt sind, ist ein Dialog kaum möglich. Unsere Diskussionskultur ist nicht sachlich, sie ist voller Emotionalität. Jegliche Kritik wird mit einem Verweis auf die Heiligkeit der Traditionen abgeschmettert.

Die größte Errungenschaft der Aufklärung war, dass alles diskutiert werden darf. Das fehlt innerhalb der muslimischen Community tatsächlich noch oft. Zumindest auf der Ebene der Institutionen. Denn es gibt unzählige Muslime und Musliminnen, die bereits ein solches Verständnis aufbringen und ihren Glauben und ihre Kultur in harmonischer Weise ausleben. Es sind vor allem unsere Institutionen, die sich noch ändern müssen. Sie werden noch zu oft von politischen Interessen bestimmt, die zumeist von Ländern wie der Türkei oder Saudi-Arabien vorgegeben werden. Sie sind oftmals zutiefst konservativ und haben kein Interesse daran, progressive Diskussionen zu führen – auch aus Angst, selbst an Macht zu verlieren.

Wir müssen daran arbeiten, diese Institutionen von innen wie außen zu verändern. Von innen, indem Muslime und Musliminnen ihre Stimme erheben und vorleben, wie ein friedliches und selbstreflektiertes Leben möglich ist. Von außen, indem die europäische Politik endlich erkennt, dass es auch »ihr« Islam ist, dass es kein Ihr und Wir mehr geben darf, sondern dass der Islam von Muslimen und Musliminnen in Europa alle Menschen angeht. Die oberflächliche Symbolpolitik muss endlich ein Ende haben und ein ernsthafter Dialog muss ihren Platz einnehmen, in dem Grundwerte wie Demokratie, Gleichheit und Freiheit vorausgesetzt werden.

Dazu gehört auch, uns Muslime und Musliminnen als komplexe Menschen zu begreifen, mit all unseren Stärken und Schwächen. Es hilft uns nicht, wenn in europäischem Paternalismus jede kritische Auseinandersetzung im Keim erstickt wird, aus Angst, wir »armen Opfer« könnten Schaden nehmen. Während wir den Menschen immer Respekt entgegenbringen müssen, können wir ihre kulturellen Lebensbräuche oder ihre Religion kritisieren und hinterfragen. Das müssen wir sogar. Auch das ist eine wichtige Errungenschaft der Aufklärung.

Wir brauchen also eine ehrliche, mutige und kritische Selbstreflexion. Eine Selbstkritik, die tatsächlich bis in unser Selbst hineinreicht und nicht beim erstbesten »Schuldigen« endet, der uns aus der Verantwortung nimmt. Dafür braucht es eine neue Sprache, neue Begriffe. Wir müssen aufhören, ständig nach der Schuld zu suchen. Aufhören, ständig zu fragen: »Wer hat Schuld und warum?«, nur um dann mit dem Finger auf einzelne Individuen oder ganze Volksgruppen zu zeigen.

Europa muss lernen, Muslime und Musliminnen in all ihren Widersprüchen und Konflikten zu begreifen. Europäische Politik muss endlich mehr anbieten können als die beiden Alternativen, alles Fremde abschieben zu wollen oder es als uneingeschränkt gut zu betrachten und über jedes Problem hinwegzusehen. Beides sind Lösungen, die es sich so einfach wie möglich machen wollen. Dabei braucht es einen konstruktiven Dialog, dessen Grundlage Respekt vor den Menschen ist, die neu hier ankommen oder schon lange hier leben, ohne sich heimisch zu fühlen. Der aber gleichzeitig keine Scheu davor hat, kritische Punkte anzusprechen – solange die Suche nach einer Lösung im Vordergrund steht und keine Schuldzuweisungen. Aber dieser ganze Prozess kann nur erfolgreich sein, wenn auch wir, die Muslime und Musliminnen in Europa, egal ob wir aus der Türkei, Syrien oder Afghanistan kommen, uns selbst kritisch befragen.

Europa ist ein Ort, an dem wir Krieg, Hass und Gewalt hinter uns lassen können. Der die Versprechungen von Demokratie, Gleichheit und Freiheit bereithält. Diese Grundwerte werden zurzeit von vielen europäischen Parteien, in Österreich, Deutschland, Ungarn oder Polen, bedroht. Doch sie sind die einzige Möglichkeit, gemeinsam und in Frieden miteinander zu leben. Denn darum geht es mir: um ein friedliches Zusammenleben. Um eine bessere Zukunft. Um ein schöneres Morgen. Oft werde ich dafür belächelt. Viele Menschen glauben nicht, dass das möglich ist. Und auch ich habe nicht immer daran geglaubt.

Vor einigen Jahren, vor meiner Flucht, saß ich auf einem Gehsteig in Damaskus, lehnte an einer Hauswand und genoss den Schatten, den das gegenüberliegende Haus auf mich warf. Ich dachte an nichts und verspürte eine schwerelose Erleichterung. Dann begann die Erde, unter mir zu zittern, Kieselsteine sprangen auf und ab, Verputz regnete mir ins Haar. Kurz darauf hörte ich ein Zischen, das die Luft zerriss und uns allen gut bekannt war: Flieger waren im Anmarsch. Vielleicht würden sie einfach über uns hinwegfliegen. Vielleicht auch nicht. Niemand konnte das wissen.

Ich stand auf und brachte mich hinter einer Mauer in Sicherheit. Ich hörte, wie sie immer näher kamen. Der erste schoss über mich hinweg – es war ein russisches Flugzeug, das möglicherweise europäische Bomben geladen hatte.

Kurz nachdem es vorübergezogen war, hörte ich einen lauten Knall und die Ausläufer einer Druckwelle trafen auf meinen Körper. Ich zog den Kopf ein und kroch in eine Ecke.

Nach einiger Zeit, als die Geräusche der Flieger nicht mehr zu hören waren, ging ich auf die Straße zurück. Das Haus, das mir zuvor noch so gütig Schatten gespendet hatte, war verschwunden. An seine Stelle war ein Berg aus Trümmern getreten, verborgen in einer Wolke aus Staub. Viele Menschen liefen zu den Trümmern, versuchten, sie beiseitezuschieben. Blutende Körper wurden über die Straße getragen, es wurde nach Ärzten gerufen. Ganz automatisch schloss ich mich den Suchenden an. Wer in einem Krieg lebt, lernt solche Dinge. Verletzte zu bergen, Erste Hilfe zu leisten, Sterbenden die Hand zu halten.

Ich fand ein Kind, das eine Kopfwunde hatte, aber noch atmete. Ich nahm es in meine Arme, noch ohne zu wissen, wie es ist, Vater zu sein, das eigene Kind in den Händen zu halten. Behutsam trug ich es nach draußen, hielt es fest, bis Rettungsleute kamen und es mir wegnahmen.

In solchen Momenten errichtet unser Körper eine Mauer gegenüber den Empfindungen, die auf uns eintrommeln wie Faustschläge. Sie hält sie draußen, damit wir handeln können, damit wir überleben. Sie werden dich holen kommen, wenn du Ruhe hast, wenn du schläfst und träumst, in schutzlosen Momenten, in denen du glücklich sein könntest. Aber in diesen Momenten unmittelbarer Gefahr ist alles gestochen scharf, alles so klar und nahe, ohne dich im tiefsten Inneren zu berühren. Diese Berührung kommt später.

Einige Meter neben mir stand ein Mann, der ebenfalls in den Trümmern gegraben hatte. Auch er hielt ein Kind in den Armen. An der Art, wie er es hielt, konnte ich erkennen, dass er wusste, wie sich ein Vater fühlte. Er drückte den Buben an sich, strich ihm über den Kopf, küsste seine Stirn. Und weinte. Ich erkannte, dass es sein Sohn war, den er hielt. Und dass sein Sohn nicht mehr atmete. Die Rettungsmänner schüttelten nur den Kopf, als der Vater ihnen seinen Sohn geben wollte. Im Krieg ist nur das Leben von Interesse.

Doch der Krieg verbindet auch, vor allem die, die nicht kämpfen wollen. Am nächsten Tag fand das Begräbnis für die Verstorbenen des Bombenangriffs statt, zu denen auch der Junge zählte. Und viele Menschen, nicht nur die, die bei diesem schrecklichen Ereignis dabei gewesen waren, kamen und teilten die Trauer. Für jeden war ein Stück übrig, das er sich auf die Schultern legen konnte, in der Hoffnung, dass wir sie gemeinsam ertragen konnten.

Der Vater trat an das Grab seines Sohnes und weinte. Und dann sagte er: »Morgen ist schöner.«

Mein Körper, diesmal schutzlos den Gefühlen ausgeliefert, wurde von diesen Worten getroffen. Er konnte sie nicht einordnen und ich konnte sie nicht verstehen. Morgen ist schöner? Von welchem Morgen sprach dieser Mann? Sein Sohn würde kein Morgen mehr kennenlernen. Was konnte ihm das Morgen noch bedeuten?

In diesem Moment hatte ich auch keine Hoffnung mehr. Ich wollte mich all den Menschen anschließen, die meinten: Es ist doch zwecklos. Die Welt wird nicht besser werden. Aber seitdem ist viel Zeit vergangen. Ich habe viele Menschen kennengelernt und viele Dinge erlebt. Ich habe mich verliebt, mein Sohn wurde geboren, ich treffe viele junge Menschen bei meinen Workshops in Schulen oder bei meinen Lesungen. Wir sprechen, wir tauschen uns aus, wir geben einander Hoffnung.

Michael Köhlmeier, der österreichische Schriftsteller, von dem ich schon vorher geschrieben habe, hat recht: Es sind viele kleine Schritte, die zum Bösen führen. Aber zum Guten ebenso. Es mag oft aussichtslos wirken, aber wenn wir viele kleine Schritte setzen, uns um die richtige Richtung bemühen, dann können wir erreichen, was dieser Mann am Grab seines Sohnes beschworen hat: ein Morgen, das schöner ist.

Unsere Community kann sich entscheiden, wie sie mit ihren Problemen und Konflikten umgehen will. In einem Europa, das zunehmend antidemokratischer wird, möchte sie zu den antidemokratischen Kräften zählen oder wollen wir einen europäischen Islam vorantreiben, der mit den alten Vorurteilen endgültig bricht und eine Aufwertung demokratischer Grundwerte mit sich bringt?

Der Grundpfeiler dafür ist die Selbstreflexion. Zu ihr gibt es eine sehr schöne Geschichte. Der Sufi-Dichter Fariduddin Attar schrieb sie im 12. Jahrhundert im heutigen Iran. Er verfasste das Gedicht auf Persisch, nicht Arabisch. Es ist eines von vielen Beispielen dafür, wie vielseitig und wandelbar der Islam sein kann.

In seinem langen Gedicht, das auf Deutsch »Konferenz der Vögel« heißt, kommen zu Beginn alle Vögel zusammen.

Jede Art ist vertreten, jede Farbe und Form, große Falken genauso wie kleine Spechte. Der Wiedehopf, ein kleiner Vogel mit spitzem Schnabel, langer Federhaube und schwarzweißen Flügeln, erzählt den anderen Vögeln vom Simurgh. Der Simurgh ist ein mythischer Vogel, unglaublich groß und stark und mit magischen Kräften ausgestattet, ein wenig wie ein Phönix. Er gilt als König der Vögel.

Nachdem der Wiedehopf von diesem prächtigen Tier erzählt hat, wollen die anderen Vögel ihn sehen und ihm ihre Verehrung entgegenbringen. Der Wiedehopf wird zu ihrem Anführer, doch er warnt die anderen Vögel: Auf dem Weg zum Simurgh drohen viele Gefahren. Er lebt auf dem Gipfel eines weit entfernten Berges. Um dorthin zu gelangen, müssen sie sieben Täler durchqueren: das Tal der Suche, der Liebe, des Wissens, der Loslösung, der Vereinigung, des Erstaunens und zuletzt das Tal der Armut.

Diese sieben Begriffe spielen im Sufismus eine wichtige Rolle. Durch sie gelangt der Suchende zur Erkenntnis. Doch was wird er erkennen? In welcher Form wird er Gott finden?

Die Vögel machen sich also auf die beschwerliche Reise. Sie sind vielen Gefahren ausgesetzt, starken Winden und tiefen Meeren. Von den Tausenden Vögeln, die gemeinsam aufgebrochen sind, um den Simurgh zu erreichen, kommen nur dreißig ans Ziel. Viele haben auf dem Weg ihre Lust verloren oder sich ablenken lassen von den erstaunlichen Dingen, die ihnen in den Tälern begegneten.

Die dreißig Vögel, die den Gipfel des hohen Berges erreichen, sind müde und erschöpft. Ein Bote empfängt sie.

Zunächst möchte er sie wegschicken, weil der mächtige Simurgh keine Zeit hat, mit dreißig unbedeutenden Vögeln zu sprechen. Doch die Vögel wollen den Berg nicht verlassen, bis sie den Simurgh gesehen haben. Der Bote führt sie schließlich in eine große, prächtige Halle und überreicht ihnen einen Text.

»Lest ihn«, sagt er. »Dann werdet ihr den Simurgh erkennen.«

Die Vögel scharen sich um den Text und beginnen zu lesen. Verwundert stellen sie fest, dass der Text von ihrem eigenen Leben handelt. Von ihren Abenteuern, von der Durchquerung der Täler, von den Momenten des Zweifelns. Dort, in diesem Saal auf dem höchsten der Berge, erkennen sie, dass sie selbst der mythische Simurgh sind. Die Suche nach dem Simurgh – ein Name, der auf Persisch auch als »dreißig Vögel« gelesen werden kann – war eine Suche nach dem eigenen Selbst.

Die Erkenntnis liegt darin, dass zwischen dem Wir und Du kein Unterschied besteht. Dass wir den anderen in uns erkennen können und wir uns selbst im anderen entdecken.

Es ist eine schöne, kraftvolle Geschichte. Wie alle Geschichten ist sie den Bruchlinien der Realität unterworfen. Es wird immer Konflikte und Missverständnisse geben, verschiedene Meinungen und Auseinandersetzungen über die richtige Art, zu leben. Doch wenn wir mutig genug sind, uns selbst und unsere Lebensweise kritisch zu hinterfragen, dann können wir Brücken bauen über diese Bruchlinien, die zwischen uns und dem anderen bestehen.

Ich würde mir wünschen, dass solche Geschichten wie jene des Simurgh jungen Kindern vorgelesen werden, bevor sie einschlafen. Viele Imame reden davon, dass diese Welt voller Sünde ist und die Belohnung erst in der nächsten, im Paradies, auf uns wartet. Damit sagen sie indirekt: Diese Welt ist ohnehin verloren.

Als ich ein Kind war, erzählte mir mein Großvater oft Geschichten. Er hatte früher als Verkäufer für Milchprodukte gearbeitet. In Damaskus wohnte er in einem Viertel, in dem Muslime und Christen friedlich nebeneinander lebten. Ich half ihm oft, seinen Kunden Milch und Käse nach Hause zu bringen, und bekam dafür kleine Geschenke. Später, als er nicht mehr arbeitete, zog er in das Haus neben uns. Noch immer ging er jeden Tag durch die Straßen unseres Viertels und hatte stets Süßigkeiten in den weiten Taschen seiner Gallabija, die er an Kinder verteilte. Alle kannten ihn. Er wurde überall begrüßt und hatte immer für eine Unterhaltung Zeit.

An vielen Freitagabenden, wenn er von der Moschee nach Hause kam, setzten wir uns in seinem Wohnzimmer zusammen und er erzählte mir Geschichten. Es waren Erzählungen aus dem Koran oder syrische Legenden. Diese Abende erweckten meine Liebe zum Erzählen von Geschichten.

Einmal erzählte er mir eine Geschichte, die mit folgenden Worten endete: »Das Paradies ist auf Erden.« Er erklärte nicht weiter, was er meinte, doch mich ließen diese Worte nicht mehr los.

Heute, viele Jahre später, habe ich eine Bedeutung für diese Worte gefunden. Sie bedeuten für mich, das Paradies in uns zu finden, Gott in uns selbst zu erkennen und in der unglaublichen Vielfalt, die auf unserer Welt und in der Natur herrscht. Wenn ich diese Vielfalt erkenne und akzeptiere, trete ich ein in sein Paradies. Es ist das Paradies des Friedens.

In dieses Paradies werde ich nicht einfach so hineinstolpern. Ich muss es mir und meinen Mitmenschen schaffen. Entscheide ich mich stattdessen, den Weg der Gewalt und des Hasses zu beschreiten, so erwartet mich die Hölle auch bereits hier auf Erden. Denn dann verwandle ich meine Welt in eine Hölle.

Wer sind wir, um zu sagen, welche Lebensweise die richtige ist? Anstatt zu wissen, was richtig ist und was falsch, sollten wir immer weiter fragen und erforschen, neugierig sein auf die anderen Menschen, offen sein für ihre Art, zu leben. Religion ist eine Botschaft des Friedens. Und den Frieden finde ich, wenn ich den anderen in mir selbst finde.

Wer bereit ist, aus alten Verhaltensmustern auszubrechen, wer mutig genug ist, das Neue zuzulassen und auf Unbekanntes zuzugehen, dem werden sich die Wunder und die Schönheit dieser Welt offenbaren, so wie sich der Simurgh den dreißig Vögeln offenbart hat.

Dann, endlich, ist das Morgen schöner als das Heute.

Danksagung

Danke an:

Alena Viola Köstl (du bist nicht die EX-Frau, sondern eine ewige Heimat). Danke für das alles was du uns, Naël und mir, gibst!

Naël Khir Alanam (deine Existenz ist das Lächeln des Vermissens). Danke, dass du meine Kindheit und die Gegenwart zum Lächeln bringst!

Ruth Köstl

Peter Langmann

Karin Wurzinger

Roxana

Nicole Kampl

Tamim

Hadya Nassan Agha

Wolfgang Tonninger und Johannes Silberschneider (die fremden Freunde, die Freunde des Fremden!)

Bernhard Fellinger

Barbara Stöckl

Claudia Gschweitl

Robert Eibinger

Jim. Andrea. Manuela. Stefanie.

Anna. Laura. Martha. Betrixa. Carlo. Richard. Katharina. Judith.
Rosi Müller. Bebe. Hannah. Nadja. Maria. Marietta. Josef. Silvia
Ebner. Anja.

Christian Samdings. Hans. Herbert Nicolas Schweiger.

Sigrid, Daniel, Thomas, Philipp Hochmair, Walter und Christian.

An all die wunderbaren Lehrerinnen und Lehrer, denen ich begegnen durfte. Danke für eure wertvolle Arbeit!

An all die wunderbaren Menschen, die ich im Laufe der Arbeit an diesem Buch interviewt habe.

An das ganze Team des edition a-Verlags.